PENLLYN

Penllyn

Ifor Owen

I gofio
Winnie
1920-91
a'r teithiau difyr
a gawsom am
dros hanner canrif.

Argraffiad cyntaf: Gorffennaf 1997

Rhyf Llyfr Safonol Rhyngwladol:
0-86381-441-7

Clawr: Smala
Lluniau y clawr: Bwrdd Croeso Cymru
Mapiau: Ken Gruffydd

Argraffwyd a chyhoeddwyd gan Wasg Carreg Gwalch,
12 Iard yr Orsaf, Llanrwst, Dyffryn Conwy LL26 0EH.
☎ (01492) 642031

Cynnwys

Gair am y Gyfres

Bob blwyddyn, bydd llinyn o Eisteddfodwyr a llygad y cyfryngau Cymreig yn troi i gyfeiriad dwy fro arbennig – bro Eisteddfod yr Urdd ar ddiwedd y gwanwyn a bro'r Eisteddfod Genedlaethol ynghanol yr haf.

Yn ogystal â rhoi cyfle i fwynhau'r cystadlu a'r cyfarfod, y seremonïau a'r sgwrsio, a'r diwylliant a'r dyrfa, mae'r eisteddfodau hyn yn cynnig llawer mwy na'r Maes yn unig. Yn naturiol, mae'r ardaloedd sy'n cynnig cartref i'r eisteddfodau yn rhoi lliw eu hanes a'u llên eu hunain ar y gweithgareddau, a bydd eisteddfodwyr yn dod i adnabod bro ac yn treulio amser yn crwydro'r fro wrth ymweld â'r gwyliau.

Ers tro, mae bwlch ar ein silffoedd llyfrau Cymraeg am gyfres o arweinlyfrau neu gyfeirlyfrau hwylus a difyr sy'n portreadu gwahanol ardaloedd yng Nghymru i'r darllenwyr Cymraeg. Cafwyd clamp o gyfraniad gan yr hen gyfres 'Crwydro'r Siroedd' ond bellach mae angen cyfres newydd, boblogaidd sy'n cyflwyno datblygiadau newydd i do newydd.

Dyma nod y gyfres hon – cyflwyno bro arbennig, ei phwysigrwydd ar lwybrau hanes, ei chyfraniad i ddiwylliant y genedl, ei phensaer-nïaeth, ei phobl a'i phrif ddiwydiannau, gyda'r prif bwyslais ar yr hyn sydd yno heddiw a'r mannau sydd o ddiddordeb i ymwelwyr, boed yn ystod yr Eisteddfod neu ar ôl hynny.

Teitlau eraill yn y gyfres:
BRO MAELOR – Aled Lewis Evans, £3.95
BRO DINEFWR – Gol: Eleri Davies, £3.95
GWENT – Gareth Pierce, £3.95

Cyflwyniad

Mae ardaloedd Penllyn ac Edeirnion wedi eu lleoli yn Hollt y Bala ac yn nyffryn afon Dyfrdwy. Crewyd Hollt y Bala pan lithrodd y tir filiynau o flynyddoedd yn ôl i greu hafn sy'n ymestyn o Dywyn ar lan y môr, ar draws Meirionnydd, nes cyrraedd cyffiniau'r Wyddgrug. Yna, cafniwyd a dyfnhawyd yr Hollt gan afon rew nes bod y cymoedd sy'n rhedeg iddo o boptu yn ffurfio'n gymoedd crog, gyda gris pendant yn esgyn iddynt.

Ffurfiwyd rhai o greigiau'r ardal islaw'r môr ac fe geir ffosilau cregyn a thrilobitau ynddynt.

Filiynau o flynyddoedd yn ôl, roedd Llyn Tegid yn llenwi iseldir Penllyn i gyd a chredir ei fod yn goferu tuag Abermo i lawr afon Wnion. Yna, fel y gwna afon yn aml, dechreuodd tarddiad afon Dyfrdwy weithio ei ffordd yn ôl nes dechrau dwyn dyfroedd y llyn yng nghyffiniau'r man cul ger Bodwenni. Ymhen amser, llwyddodd afon Dyfrdwy i ddyfnhau'r ceunant yno gan ddwyn dyfroedd y llyn, ac fel y dyfnhâi'r ceunant, disgynnai arwyneb-edd y llyn nes cyrraedd ei faint presennol.

Roedd pobl yn byw yma yn Oes y Cerrig ac fe ddarganfuwyd llawer o fwyeill carreg yn yr ardal. Cafwyd amryw o offer o'r Oes Efydd yma hefyd, gan gynnwys mowld gwneud bwyeill efydd. Dengys y cryman efydd a ddarganfuwyd bod grawn yn cael ei dyfu a'i gynaeafu yma yn y cyfnod pell hwnnw.

Roedd rhai llwybrau cyn hanes pwysig yn tramwyo'r ardal a chyfres o feini hirion yn nodi eu safleoedd. Rhedai un o'r môr ger Mochras yn Ardudwy, trwy Drawsfynydd, trwy Flaenlliw a heibio fferm y Meini Hirion yn ardal y Parc. Yna, croesai afon Dyfrdwy ger Pont Mwnwgl-y-llyn a thros y Berwyn i ddyffryn Hafren ac i lawr i dde Lloegr. Roedd hen lwybrau yn croesi'r Berwyn o Landderfel, Llandrillo, Cynwyd a Glyndyfrdwy.

Canfu'r Rhufeiniaid fod yr Hollt yn cynnig llwybr rhwydd iddynt dreiddio i'r berfeddwlad, ac felly fe adeiladwyd ffordd o Gaer gan leoli ceyrydd ger y Rug yn Edeirnion ac yng Nghaer-gai ym Mhenllyn. Canghennai'r ffordd yng Nghaer-gai – un gainc tua chaer Mur y Castell ger Trawsfynydd ac ymlaen am Segontiwm yng Nghaernarfon, a'r llall tua'r gaer fechan bwysig ger Brithdir, Dolgellau. Wedi i'r Rhufeiniaid gilio a phwrpas gwreiddiol y ceyrydd mawr hyn wedi mynd yn angof, cysylltodd y Cymry hwy â'u harwyr chwedlonol eu hunain: Arthur yng Nghaer-gai, Blodeuwedd a Lleu ym Mur y Castell (Tomen y Mur heddiw) a Gronw Bebr yn Llanfor. Yn ddiweddar, darganfuwyd olion Rhufeinig ger Llanfor.

Cyn i'r ffyrdd Rhufeinig lwyr ddiflannu, cerddodd saint Cristnogol ar eu hyd yn y chweched ganrif, gan sefydlu llannau yma ac acw: Beuno yng Ngwyddelwern a Llanycil, Deiniol yn Llanfor a Llanuwchllyn, Cywair yn Llangywer, Ffraid yng Ngharrog, Mael a Sulien yng Nghorwen, Derfel yn Llandderfel a Trillo yn Llandrillo.

Yn gynnar yn yr Oesoedd Canol, rhan o Bowys oedd Penllyn ac fe siaredir un o dafodieithoedd Powys

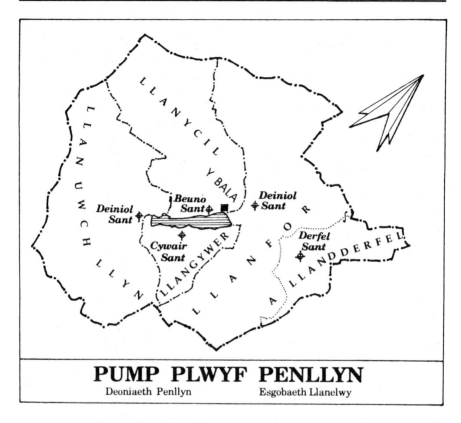

PUMP PLWYF PENLLYN

Deoniaeth Penllyn   Esgobaeth Llanelwy

yno o hyd. Yn nechrau'r drydedd ganrif ar ddeg, cipiodd Llywelyn Fawr Benllyn oddi ar Bowys ond er iddo ei gwneud yn rhan o Wynedd, arhosodd uchelwyr Penllyn yn fwy teyrngar i Bowys, ac yng nghyfnod ymdrech Llywelyn y Llyw Olaf, ochri gydag Edward y Cyntaf hyd yn oed! Aeth amryw ohonynt i Gaernarfon yn 1301 i blygu glin i'w fab – 'Tywysog Cymru'. Roedd eu cariad at Bowys yn gyfryw fel y dymunai disgynyddion Rhirid Flaidd gael eu claddu dros y Berwyn ym Mhennant Melangell.

Rheolid Edeirnion gan Farwniaid Edeirnion ac fe welir tomennydd eu cestyll yn Crogen, Hendwr, Gwerclas, Ucheldre, y Rug, Gwyddelwern, Carrog a'r Hendom.

Dengys rhestr y penteuluoedd a dalai Dreth y Pymthegfed yn 1292-93 fod yr ardal yn bur boblog bryd hynny. Roedd 493 yn talu ym Mhenllyn a 519 yn Edeirnion (gan gynnwys Abertanat).

Magodd yr ardal lawer o feirdd clasurol megis Llygad Gŵr o'r Hendwr (c.1268), Madog Dwygraig (c.1370), Rhys Goch Glyndyfrdwy (c.1460), Huw Cae Llwyd (1431-1504), Tudur

Penllyn (c.1420-1485), Bedo Aeddren, Coed-y-bedo (c.1500) a Rowland Vaughan (c.1587-1667).

Deuai amryw o feirdd mawr eraill i ymweld â chartrefi'r uchelwyr, beirdd megis William Llŷn a Guto'r Glyn. Claddwyd nifer ohonynt yn Llanuwchllyn.

Roedd llawer o diroedd Penllyn ac Edeirnion yn perthyn i'r abatai a'r mynachlogydd – i Ystrad Marchell, Powys; Glyn y Groes, Llangollen; Cymer, Llanelltud; Dinas Basing, y Fflint; Marchogion Sant Iwan, Ysbyty Ifan, ac Aberconwy. Pan ddiddymwyd hwy yn 1536-39, bu ymryson am eu tiroedd gan uchelwyr lleol a daethant yn rhannau o brif stadau'r cylch.

Cymerodd y porthmyn ran bwysig yn economi'r ardal. Roedd Tudur Penllyn, Caer-gai yn fardd ac yn borthmon. Broliai fod epil ei wartheg a'i deirw dros y wlad i gyd:

Ac o'u hepil yr hiliant
Dros y Nordd hyd Drws y Nant.

Roedd 'y Nordd' (Northampton) yn gyrchfan i'r porthmyn a'u gyrroedd ac mae'n gyrchfan i rai o borthmyn y cylch hyd heddiw, ond bod y dull o deithio wedi newid!

Roedd Guto'r Glyn yn porthmona yn Edeirnion a bu dadl farddol ddoniol rhyngddo ef a Tudur Penllyn ynghylch ŵyn degwm person Corwen. Byddai'r porthmyn hyn yn gysylltiad rhwng y fro a'r byd mawr y tu draw i ffiniau Penllyn ac Edeirnion. Dychwelent gyda hanesion, chwedlau, planhigion, offer, cerddi ac arfau newydd megis gynnau.

Tri o ynnau yt, Reinallt,
A rown i ddarstain yr allt

Dyna eiriau Tudur wrth geisio tarw newydd gan gyfaill.

Yn Edeirnion y cychwynnodd Owain Glyndŵr ei ymdrech i gael annibyniaeth i Gymru pan ymyrrodd yr Arglwydd Grey o Ruthun â therfynau ei stad. Bu'r Bala yn fath o storfa arfau i fyddin y Saeson yn ystod yr ymladd.

Nid oedd helyntion Rhyfel y Rhosynnau yn ddieithr i'r cylch. Canodd Tudur Penllyn i'r Tŷ Gwyn yn Abermo – tŷ a godwyd ar lan y môr er mwyn i deulu ac ysbïwyr Harri Tudur (Harri'r Seithfed) fedru mynd yn slei bach o'i seler i Lydaw, ble'r oedd ar ffo:

Tŷ a'i hanner mewn tonnau,
A'i grys o galch gwresog iawn,
A'i wregys o fôr eigiawn.
Yno y daw'n Arglwydd llawen,
Yno'dd aeth o Wynedd Wen.

Deuai Lancastriaid draw i Gaer-gai – Dafydd ap Siencyn er enghraifft, pan oedd ar ffo yng Ngharreg Gwalch, Dyffryn Conwy. Pryderai Tudur am ei ddiogelwch ac fe'i cynghorodd:

Dy gastell ydyw'r gelli,
Derw dôl yn dy dyrau di.

Pan ymladdwyd y Rhyfel Cartref arall yn yr ail ganrif ar bymtheg rhwng y Senedd a'r Brenin, roedd Caer-gai a'r Rug ynghanol yr helynt hwnnw hefyd.

Roedd y bardd a'r cyfieithydd Rowland Vaughan yn Frenhinwr pybyr yng Nghaer-gai, a'r hen gyrnol William Salusbury yn y Rug – 'Yr Hen Hosanau Gleision' a fu'n cadw castell Dinbych i'r brenin. Tystiai Rowland Vaughan:

Pe cawn i'r Pengryniaid
Rhwng ceulan ac afon
Ac yn fy llaw goedffon o linon ar li,
Mi gurwn yn gethin yng nghweryl fy
                                    mrenin
Mi a'i gyrrwn 'n un byddin i'w boddi.

Llosgwyd Caer-gai gan luoedd y
Senedd ac wedi ei ailadeiladu
gosododd yr hen Frenhinwr ffyddlon y
geiriau hyn uwchben y drws:

> Dod glod i bawb yn ddibrin,
> A châr dy frawd cyffredin.
> Ofna Dduw, cans hyn sydd dda,
> Ac anrhydedda'r brenin!

Dyma'r cyfnod pan fu'r Crynwyr yn
niferus ym Mhenllyn. Ymfudodd llawer
ohonynt i Bensylfania, gan roddi
enwau'r cylch ar faestrefi yn
Philadelffia, Bala, Cynwyd, Meirion,
Gwynedd a Phenllyn. Aeth Sarah
Evans o'r Fron-goch drosodd gyda'r
Crynwyr a hi oedd hen nain Abraham
Lincoln.

Mae cysylltiad y Bala â Methodist-
iaeth gynnar, Charles o'r Bala a'i
ysgolion dyddiol a Sul yn wybyddus i
bawb. Felly hefyd Lewis Edwards a'i
ymdrech i sicrhau addysg i bregethwyr
yn ei goleg, a Michael Jones a'i fab
Michael D. Jones a'u colegau hwythau
i roi addysg i Annibynwyr. Michael D.
Jones fu'n bennaf gyfrifol am sefydlu'r
Wladfa Gymreig ar lannau Camwy ym
Mhatagonia. Oherwydd y ddau goleg,
daeth y Bala i gael ei hadnabod fel
'Athen Cymru'.

Roedd gan y Bedyddwyr eu harwr
hefyd, sef y Parch J.R. Jones, y gŵr
amryddawn o Fryn Melyn, Llan-
uwchllyn (1765-1822): pregethwr,
bardd, cerddor, meddyg gwlad a

gwron y 'Bedyddwyr Albanaidd'.
Treuliodd ran helaeth o'i oes yn
Ramoth, Llanfrothen ac yno y'i
claddwyd ef.

Yn nes at ein cyfnod ni medrwn
enwi O.M. Edwards a'i fab Ifan ab
Owen Edwards, a'u cymwynasau
anhygoel i sicrhau parhad yr iaith
Gymraeg.

Cawn enwi ychwaneg o enwogion
ar ei teithiau o gwmpas yr ardal.

Afraid pwysleisio mai amaeth-
yddiaeth oedd prif ddiwydiant yr ardal
ers talwm, gyda gwau a nyddu yn fodd
o arallgyfeirio yn ystod y ddwy ganrif
ddiwethaf, a bu stadau'r fro yn cyflogi
crefftwyr o bob math hefyd.

Ar un cyfnod, roedd nifer o chwareli
yn y cylch; dwy yn Llanuwchllyn, un yn
Llandderfel, un yng Ngharrog ac un
neu ddwy yng Nglyndyfrdwy. Roedd
dwy ffatri laeth brysur yn cyflogi nifer
helaeth iawn o weithwyr hefyd ond
mae'r ddwy wedi cau oherwydd
newidiadau yn nulliau amaethu a'r
ffermwyr bellach yn magu stoc yn
hytrach na chynhyrchu llaeth.

Pan oedd y rheilffyrdd yn eu
hanterth, cyflogent hwythau nifer fawr
iawn o weithwyr o bob gradd. Cafodd
llawer waith yn y coedwigoedd hefyd,
ond daeth y gwaith hwnnw i ben yn ei
dro.

Erbyn heddiw, mae llawer o'r hen
gyflogwyr wedi diflannu ond erys rhai
diwydiannau o hyd. Ceir stadau
diwydiannol yn y Bala a Chorwen ac
un o gyflogwyr mwyaf Penllyn yw ffatri
ddillad y Brodyr Aykroyds. Cyflogwr
helaeth yn Edeirnion yw ffatri drelars
enwog Ifor Williams.

Deil amaethyddiaeth yn brif ddiwyd-
iant ym Mhenllyn ac Edeirnion o hyd,

er bod llawer o'r bobl ifanc yn gorfod teithio i Wrecsam, Caer, Lerpwl a Glannau Mersi i chwilio am waith.

Serch hynny, mae'r ardaloedd hyn yn fwrlwm o ddiwylliant Cymraeg. Mae tair o eisteddfodau enwog y llannau yn yr ardal a *Llên y Llannau* yn orlawn o'u cynhyrchion llenyddol. Mae bron bob capel ac eglwys yn cynnal mân eisteddfodau hwyliog hefyd, ac fe geir corau enwog yn yr ardal megis Côr Merched Edeirnion, Côr Meibion Glyndŵr, Côr Merched Uwchllyn, Côr Godre'r Aran, Côr Bro Gwerful, Côr Meibion Llangwm, Côr Meibion Llywarch a Chôr Dyfrdwy a Chlwyd. Mae llawer o gorau gweithgar eraill hefyd a nifer helaeth o gwmnïau drama – mwy nag un ym mhob ardal a gwyliau drama llwyddiannus ar droed ym mhobman.

Bu'r ardal yn flaenllaw ym myd Cerdd Dant ac yn y Bala ym mis Tachwedd 1934, sefydlwyd Cymdeithas Cerdd Dant Cymru. Dathlwyd ei sefydlu yn 1984 a chanodd y bardd R.J. Rowlands i'r gymdeithas:

Heddiw wrth fedi llwyddiant,
A gwaraidd dwf Gŵyl Gerdd Dant,
A gweld cornel y delyn
Yn hardd rhwng y bryniau hyn,
Canwn acenion cynnydd,
Canwn a dathlwn y dydd.

Mae beirdd yn drwch yn y cylch. Triga beirdd cadeiriol cenedlaethol yn y Bala – Elwyn Edwards ac R.O. Williams ac fe fagwyd y bardd cadeiriol a'r meuryn enwog, Gerallt Lloyd Owen yn Sarnau. Bu yma lu o emynwyr hefyd ac ni fu'r ardal yn brin o ddiddanwyr enwog ychwaith – Bob Tai'r Felin, Llwyd o'r Bryn ac Alwyn

Sion. Magwyd cantorion enwog yma hefyd, megis Mary Lloyd Davies o Lanuwchllyn, Eirian Davies o Landderfel, Trebor Edwards o Betws Gwerful Goch a'r diweddar Fadam Gwladus Williams o'r Bala. Daw llawer o artistiaid enwog o'r ardal – Iwan Bala, Catrin Williams o Gefnddwysarn, Glyn Bains o'r Bala ac Angharad Jones a Bethan Roberts, ill dwy yn gweithio â haearn. Mae yma dyrfa o artistiaid a chrochenwyr amatur hefyd, a byddant yn cynnal arddangosfa flynyddol o'u gwaith yng Nghapel Bach y Plase.

Bu Ifor Owen, Llanuwchllyn, yn arlunio llyfrau plant ac oedolion ac yn golygu *Hwyl*, y comic Cymraeg, am ddeugain mlynedd (1949-89) ac o'r Bala y deuai'r diweddar arlunydd R. Meirion Roberts a oedd yn enwog am ei fapiau darluniadol o ardaloedd Cymru a'i lythrennu cain o waith ein beirdd.

Dyna ddigon, mi gredaf, i ddangos y bwrlwm o fywyd Cymraeg sydd i'w gael ym Mhenllyn ac Edeirnion. Hwyl i chwi ar eich teithiau.

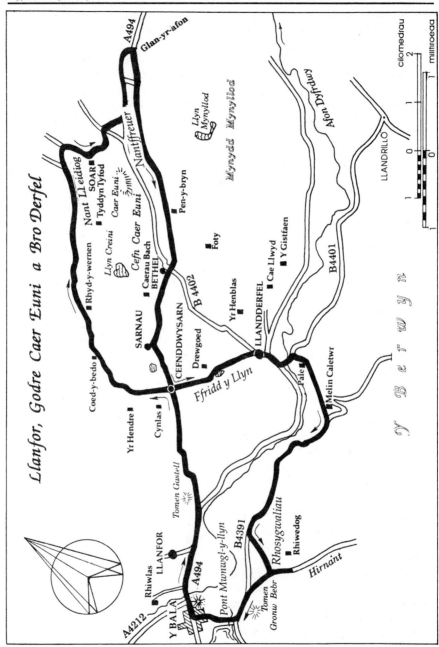

Llanfor, Godre Caer Euni a Bro Derfel

l head.

Llanfor, Godre Caer Euni a Bro Derfel

Ar y daith hon byddwn yn cychwyn allan o'r Bala ar hyd yr A494 i gyfeiriad Corwen. Wrth adael y dref byddwn yn mynd heibio safle'r Hen Orsaf ar y dde a thros wely'r rheilffordd fu'n teithio o'r Bala i Flaenau Ffestiniog. Agorwyd y rheilffordd ar Dachwedd 1af, 1882 ac fe'i caewyd ar Ionawr 28ain, 1961 oherwydd y gwaith ar gronfa ddŵr Llyn Celyn.

Awn ymlaen dros y bont garreg dros afon Tryweryn. Wrth edrych i fyny'r afon yn yr hydref, ceir golygfa odidog a'r coed o boptu yn llawn lliwiau. Yn union wedi croesi'r bont mae *lodge* y Rhiwlas gyda'i adwy gastellog ar y chwith. Codwyd yr adwy gan Richard Watkin Price, *'who did believe greatly in stones and mortar'* chwedl ei ddisgynnydd R.J. Lloyd Price! Cawn sylwi eto ar ychwaneg o'i waith 'castellog'.

Wedi teithio tua thri chwarter milltir gyda dolydd y Rhiwlas o boptu'r ffordd, deuwn i olwg pentref bychan Llanfor. Ar un o'r dolydd helaeth ar y dde mae olion caer Rufeinig na ellir ei gweld ond o'r awyr. Bu Llanfor yn bwysig fel canolfan cyn bod sôn am dref y Bala ac yma y cynhelid achosion cyfreithiol y cwmwd. Yma y gwysiwyd Dafydd, brawd Llywelyn ap Gruffudd (Y Llyw Olaf), i ateb i'w fynnych anffyddlondeb ond ni ddaeth i'r llys. Ffodd yn ôl ei arfer i Loegr.

Deiniol yw nawddsant yr eglwys. Ceir cyfeiriad at y Llan yng Nghanu Llywarch Hen – llawysgrif o'r nawfed ganrif. Yn y canu mae'r pendefig yn gwahodd Llywarch i Lanfor, a Llywarch yn holi pa Lanfor sydd ganddo mewn golwg. Etyb y pendefig:

Keis Dyfrdwy yn ei therfyn,
O Weloch hyd Traweryn,
Bugail lloe, Llanfawr llwybryn.

A ddaeth Llywarch, pennaeth o'r Hen Ogledd, i Lanfor yn hanner olaf y chweched ganrif? Ni ŵyr neb yr ateb, ond yn lleol ceir traddodiad iddo ddod i Riwedog yn ei henaint ac mai yn Llanfor y'i claddwyd. Roedd cerrig a elwid Pabell Llywarch Hen ger yr eglwys unwaith.

Mae eglwys a mynwent Llanfor yn ddiddorol hefyd. Oddi mewn i dŵr yr eglwys mae carreg hen iawn wedi ei hadeiladu i mewn yn y mur. Arni, mewn llythrennau Rhufeinig aneglur, gwelir y gair CAVOSENIARGII. Gellir ei ddarllen CAVO SENIARGII sef CAVO mab SENIARGIOS (a orwedd yma).

Mae hen chwedl wedi ei chofnodi gan Elias Owen yn ei gyfrol *Welsh Folklore* am ysbryd a drigai yn yr eglwys nes y cafodd ei ddenu oddi yno a'i daflu i Lyn y Geulan Goch gerllaw.

Ym mhen uchaf y fynwent mae beddrod a gododd R.J. Lloyd Price i deulu Rhiwlas. Talodd amdano ag arian a enillodd wrth fetio ar geffyl o'r enw Bendigo yn ras y Jiwbilî. Uwchben y drws gwelir y geiriau cerfiedig hyn:

When to my latter end I go to meet my Jubilie,
I'll bless the good horse Bendigo who built this tomb for me.

13

Cofeb Tom Ellis yn y Bala

Hefyd yn y fynwent mae beddau enwogion megis Robert William o'r Pandy, awdur yr englyn i'r Beibl:

Llyfr doeth yn gyfoeth i gyd, – wych
                lwyddiant,
A chleddyf yr ysbryd,
A gair Duw Nef yw hefyd,
Beibl i bawb o bobl y byd.

Gwelir bedd Watcyn o Feirion o Gapel Celyn, awdurdod ar Gerdd Dant, yno hefyd. Wrth dalcen dwyreiniol yr eglwys mae bedd Evan Thomas Cwmchwilfod (Cwmhwylfod), Cefnddwysarn – gŵr hysbys, llysieuydd a chopïwr llawysgrifau a fu farw yn 1781. Bu dau gopi o *Lysieulyfr* William Salesbury a chopi o *Tŵr yr Iechyd* Elis Gruffydd yn ei feddiant.

Awn ymlaen ar hyd yr A494 ble daw afon Dyfrdwy yn agos iawn i'r ffordd. Dyma Lyn y Geulan Goch. Ymhen ychydig, mae'r ffordd tua Llandderfel a dyffryn Dyfrdwy yn gwyro i'r dde. Awn ninnau i fyny'r rhiw i'r chwith. Wedi dringo dros gopa'r rhiw, gwelir fferm ar y chwith ger y ffordd a thomen gastell ar gwr y buarth. Ychydig iawn a wyddom am y domen gastell, ond mae'r hen enw ar y rhyd sy'n croesi afon Meloch a lifa wrth odrau'r domen yn awgrymu'n gryf pwy a'i cododd. Enw'r rhyd oedd Rhyd y Ffrainc. 'Ffrainc' oedd enw'r Cymry ar y milwyr o Ffrainc a Llydaw a gyflogid gan y Normaniaid a'r Saeson. Mae'r domen gastell ar ffiniau Trebenmaen – tir a oedd yn eiddo i Lywelyn ap Gruffudd ac a ddioddefodd ei anrheithio wedi 1282 pan laddwyd y tyddynwyr a llosgwyd y bythynnod. Efallai fod y castell wedi'i adeiladu i godi dychryn ar drigolion Trebenmaen.

Awn ymlaen dros afon Meloch (Weloch yn ôl Canu Llywarch Hen) ar hyd ffordd droellog nes cyrraedd ardal Cefnddwysarn. Cyn cyrraedd y pentref, uwchben y ffordd ar y chwith, gwelir ffermdy Cynlas. Yma y ganed y Seneddwr enwog Thomas Edward Ellis (1859-99). Dewiswyd ef yn Aelod Seneddol dros Feirionnydd yn 1886 gan ennyn parch y Cymry oherwydd ei waith yn hyrwyddo addysg, llywodraeth leol, comisiwn y tir a Senedd i Gymru (ystyriai'r Ddeddf Llywodraeth Leol fel cam tuag at hynny). Credai mewn datgysylltu'r Eglwys a'r Wladwriaeth hefyd ac fe alwai am lyfrgell, amgueddfa ac oriel ddarluniau i Gymru. Bu farw yn ddeugain oed yn 1899 ac fe'i claddwyd ym mynwent Cefnddwysarn. Yn y fynwent honno hefyd gwelir bedd Ellis Roberts, Fron-goch a drowyd allan o'i fferm wedi etholiad 1859; bedd Llwyd o'r Bryn; R. Manod Owen a Tom Jones yr Hendre – testun rhai o englynion enwocaf R. Williams Parry wedi ei farwolaeth yn y Rhyfel Byd Cyntaf:

Ger ei fron yr afon red, – dan siarad
   yn siriol wrth fyned:
  Ni wrendy ddim, ddim a ddwed, –
  Dan y clai nid yw'n clywed.

Ond pridd Cefnddwysarn arno – a
              daenwyd
  Yn dyner iawn trosto;
  A daw'r adar i droedio
  Oddeutu'i fedd ato fo.

Yma hefyd mae bedd D.R. Daniel a aned ac a fagwyd yn Nhy'n Bryn. Bu'n drefnydd Undeb Dirwestol Gogledd Cymru, yn ysgrifennydd Undeb

Chwarelwyr Gogledd Cymru yn ystod streic fawr chwarelwyr Bethesda ac yn ysgrifennydd cynorthwyol Comisiwn yr Eglwys yng Nghymru. Ei fam a weithiai'r felin wlân sydd rhwng y ffordd fawr a'r afon (tŷ yw yn awr). O'r felin hon y câi Michael D. Jones frethyn i wneud ei siwtiau brethyn cartref. Bu nifer o enwogion yn gweithio yn y ffatri – y Sosialydd gwladgarol R.J. Derfel; yr hanesydd lleol Evan Roberts, Llandderfel; Gwrtheyrn (Griffith Roberts 1846-1915), hanesydd tlodion pum plwyf Penllyn, a bu D.R. Daniel yma yn cynorthwyo ei fam.

Yn un o'r tai sydd wedi diflannu trigai Edward Roberts (c.1790), awdur y gyfrol *Casgliad Defnyddiol o Waith Amryw Awdwyr*. Ynddi ceir ysgrifau gan Elis y Cowper a rheolau ynglŷn â darllen ac ysgrifennu Cymraeg.

Yn y capel gwelir cerrig coffa i Tom Ellis a Llwyd o'r Bryn.

Yng Nghefnddwysarn, trown oddi ar y ffordd fawr tua'r chwith gan fynd heibio pompren fechan dros afon Meloch. Mae'r ffordd yn arwain at fwthyn Cynlas Bach ble bu Llwyd o'r Bryn yn byw wedi iddo ymddeol o'r Drewgoed. Byddai'n mynd 'dros y sysbension i'r plas'.

Awn yn ein blaenau ac ymhen rhyw chwarter milltir gwelwn dŷ mawr ar y chwith. Hwn yw'r Hendre. Yma y trigai Dwysan Rowlands, merch Llwyd o'r Bryn ac awdures llyfr gwerthfawr iawn ar hanes yr ardal – *Ardal y Pethe*. Llwyd o'r Bryn a boblogeiddiodd y term 'Y Pethe' gyda'i gyfrol o'r un enw.

Awn ymlaen eto am ryw hanner milltir ac ar y chwith, led cae o'r ffordd, fe welwn blasty bychan Coed-y-bedo.

Bu'r bardd Bedo Aeddren yn byw yma oddeutu 1500. Bardd yn nhraddodiad Dafydd ap Gwilym oedd Bedo:

Dyn a ddeil dan wŷdd elain
gwâr ennyd fydd, groendew fain.
od â yn rhydd i'r mynydd maith
ni ddelir, ni ddaw eilwaith.
Y winwydden a nyddir
yn egwan iawn, ac yn ir.
Pan el yn hen gangen gu
Ni odde mwy o'i nyddu.

Bu'r Parchedig Hugh Pugh (1803-68) yn lletya yng Nghoed-y-bedo am tua un mlynedd ar ddeg. Gŵr o flaen ei oes oedd Hugh Pugh. Daeth i'r ardal yn 1826 wedi iddo dderbyn gwahoddiad gan Michael Jones i gadw ysgol ym Methel. Ordeiniwyd ef yn weinidog ar rai o gapeli'r cylch a phregethai ac ysgrifennai yn erbyn crogi, caethwasiaeth, y degwm ac o blaid dadwladoli'r Eglwys. Sefydlodd ddosbarth yn y Bala i hyfforddi gwŷr ieuainc Penllyn ac Edeirnion yn egwyddorion Ymneilltuaeth a Rhydd-frydiaeth. Ef oedd tad Radicaliaeth Penllyn a esgorodd ar waith gwŷr megis Michael D. Jones, Tom Ellis, D.R. Daniel, O.M. Edwards, R.J. Derfel ac eraill.

Awn ymlaen nes dod i ben goriwaered serth. O'n blaenau mae dyffryn cul yn ymagor – dyma Gwm Main neu Nant Lleidiog. Bu llawer o Grynwyr yn yr ardal hon yn ystod yr ail ganrif ar bymtheg. Casglent i addoli mewn man canolog ar fuarth Pentre Tai'n y Cwm, ble cafodd deugain ohonynt eu dirwyo yn 1674-5. Wedi teithio i lawr y rhiw deuwn at gapel Rhyd-y-wernen. Codwyd y capel yn 1828 er bod pobl wedi bod yn addoli yma mewn hen dŷ mawn ers tua 1770. Hwn oedd yr unig gapel rhwng y Bala a Wrecsam ar un cyfnod.

Awn i lawr y cwm heibio i'r Hendre, cartref Tom Jones. Wedi teithio tua hanner milltir ac edrych dros y cwm, gwelwn ffermdy ar y dde. Dyma Dyddyn Tyfod, cartref teulu Edward ap Rhys, y Crynwr a aeth gyda'r fintai gyntaf o Grynwyr i Bensylfania yn 1682. Ar ei dir ef y codwyd y tŷ cwrdd cyntaf o feini i'r Crynwyr yn Philadelphia. Galwyd ef yn Meirion. Y mae ar ei draed ac yn cael ei alw'n Meirion hyd heddiw.

Addoldai i'r Annibynwyr a geir heddiw ble bu'r Crynwyr gynt yn lluosog. Ai dychwelyd at ffydd eu hynafiaid a wnaeth y gweddill wedi iddynt golli eu harweinwyr yn ystod yr ymfudo mawr a gychwynnwyd yn 1682?

Yn nes i lawr y cwm eto ac ar yr un ochr, gwelwn hen faenordy Gwernbrychdwn. Nid yw'r tŷ wedi newid llawer ers pan oedd yn llys i'r Llwydiaid ganrifoedd yn ôl, gyda'i gorn simdde hir yng nghanol y neuadd.

Yr ydym yn awr ar gyrion Cwm Eithin. Cwm Eithin yw'r enw dychmygol a roddodd Hugh Evans, golygydd *Y Brython,* ar ddarn o wlad yn y cyffiniau yma. Ysgrifennodd lyfr gwych ar hanes ac arferion yr ardal – *Cwm Eithin.* Ganed Hugh Evans yn 1854 yn Nhy'n Rhos gerllaw. Bu farw yn 1934. Ysgrifennodd lyfr prydferth iawn arall – *Y Tylwyth Teg.* Oherwydd ei ddiwyg hardd, roedd hwn yn llyfr arloesol yn ei ddydd.

Dilynwn y ffordd i'r dde tuag at gapel bychan yr Annibynwyr yn Soar ac yna i fyny dros y gefnen i olwg ardal Llawr-y-betws. Os oes digon o amser, mae'n werth dringo i-bèn Caer Euni i fwynhau'r olygfa sydd oddi yno tua Dyffryn Clwyd a Llangollen a'r Aran. Gwelir y fryngaer ar gefnen uchel sy'n gefndir i Dyddyn Tyfod. Mi wyddai'r hen bobl yn iawn ble i osod eu ceyrydd! Mae ffurf amddiffynnol y fynedfa yn ddiddorol hefyd.

Wrth fynd heibio fferm Llawr-y-betws yr ydym yng nghyffiniau'r Betws neu'r *Bed Hus.* Dau hen air Saesneg yn golygu Tŷ Gweddi yw'r rhain. Darganfuwyd gleiniau *(beads)* gerllaw. Defnyddid y gleiniau hyn a osodid ar linyn i gyfrif paderau. Daw'r gair *bead* o hen air Sacsoneg, ond mae'n ddirgelwch sut y daeth yr hen air Saesneg hwn mor gyffredin mewn llawer Betws yng Nghymru. Dywedir mai un o Lwydiaid Gwernbrychdwn oedd yr offeiriad olaf yn y Betws hwn. Mewn rhai dogfennau cynnar gelwir yr ardal yn Betws-y-coed. Dyma ardal Dr Tecwyn Lloyd a aned ym Mhen-y-bryn ar ben y bryniau ar y chwith. Gwelir ei fedd ym mynwent yr eglwys. Yma hefyd, yn Llwyn Ithel, y ganed W.D. Williams. Roedd llawer o ddireidi yng nghanu'r gŵr hwn:

Er cof am Bocsar y Ceffyl

Llonydd mewn bocs y gorwedd
Bocsar
Mae hyn yn resyn, ar silff y grosar;
Er gwledd y minsiwyd Arglwydd y
Mansiar
Cornedig fân gig yw'r march
addfwyngar;
Arlwyo cinio cynnar – wna i lu,
A lard i deulu yw Lord y Dalar.

Ef hefyd yw awdur yr englyn enwog 'Gras Bwyd':

O Dad yn deulu dedwydd – y deuwn
  Â diolch o newydd,
  Cans o'th law y daw bob dydd
  Ein lluniaeth a'n llawenydd.

Yn yr ardal hon y bu Hughes y Geufron yn barddoni hefyd.

Yr Aelwyd

Hyfrydle pob afradlon – yw aelwyd,
  Yng nghiliau atgofion;
  Yn nydd cywilydd calon
  Eirias o hyd croeso hon.

Awn heibio i'r ysgol, y capel a'r hen ysgol ble bu cryn gynnwrf a gwrthwynebiad i un o'r deddfau addysg ar ddechrau'r ganrif. Yna, trown i'r dde ar hyd yr A494 i fyny Cwm Bethel, neu i roddi iddo ei hen enw, Cwm Nantffreuer. Roedd yr ardal hon yn rhan o Bowys cyn cyfnod Llywelyn Fawr. Tybed a oes cysylltiad rhwng yr enw a Ffreuar, chwaer Heledd, un o dywysogesau yr hen Bowys?

Nid angau Ffreuar a'm dychryn
                   heno,
A'm gwna'n ruddiau melyn
Gyda dagrau coch dros erchwyn.

Yr hyn sy'n poeni Heledd yw marwolaeth ei brodyr:

Yn amddiffyn Trenn, tref ddifaith.

Awn i fyny'r cwm gyda nant fechan Ffreuar. Ar y dde gwelir Caer Euni eto ar ei chefnen uchel. Ar y chwith mae mynydd Mynyllod rhyngom a dyffryn Dyfrdwy. Ar gyrion Mynyllod, ond heb fod yn hawdd ei ganfod, mae Pen-y-bryn arall – man geni a maboed Llwyd o'r Bryn. Yma y cafodd ei 'ailfedyddio' gan ei frodyr a'i chwiorydd am nad

oedd y gweinidog, y Parch Michael D. Jones, wedi cyhoeddi ei enw yn ystod y bedydd yn y capel!

Ym mhen uchaf Nantffreuer mae pentref bychan Bethel. Y capel a roddodd ei enw i'r pentref. Ambell waith bydd Nantffreuer i gyd yn cael ei alw'n Cwm Bethel. Mae adeilad presennol y capel, a agorwyd yn 1909, bellach wedi ei gau. Mae iddo bensaernïaeth arbennig ond mae'n dadfeilio'n gyflym.

Tafarn y *Boot* oedd y tŷ gwyngalchog a welir heddiw. Yma yr arhosai'r porthmyn dros nos gan adael eu hanifeiliaid mewn corlan gerllaw. Roedd gefail yno hefyd, er mwyn ailbedolio'r anifeiliaid.

Tua chwarter milltir o Fethel deuwn at gyrion coedwig ar y dde. Yma gwelir hen furddun Caerau Bach ble daeth yr hen gynghorwr Gruffudd Sion i dreulio nawnddydd ei oes. Gwehydd ydoedd wrth ei grefft ac fe ddaeth yma o Ynys Pandy ger Penmorfa ble'r oedd stad fechan a berthynai i deulu'r Rhiwlas. Dyna oedd ei gysylltiad â'r ardal hon mae'n siŵr, yn ogystal â'i gyfeillgarwch â Phrice y Rhiwlas. Pan oedd yn byw yn Ynys Pandy, cyflogodd Gruffudd Sion wehydd ifanc i'w gynorthwyo. Enw hwnnw oedd John Elias. Gruffudd Sion a ddenodd John Elias i'r Seiat am y tro cyntaf a'i roi ar ben y ffordd i ddod yn un o bersonoliaethau pwysicaf Methodistiaeth y bedwaredd ganrif ar bymtheg. Gelwid Gruffudd Sion yn Gruffudd Sion y Gaseg Wen ar ôl y gaseg wen a gafodd yn anrheg gan Price y Rhiwlas. Mae hanes y gaseg wen yn ddiddorol. Pan oedd yn byw yn Ynys Pandy, arferai Gruffudd Sion gynnal gwasanaethau yn ei dŷ.

Y Cynlas, Cefnddwysarn

Sarnau

Codai hyn wrychyn y person ac fe ddeuai i mewn i aflonyddu ar y gwasanaethau, ond gwylltiodd hyn Gruffudd Sion a gwthiodd hwnnw ef allan o'r tŷ a'i daflu wysg ei gefn i'r domen dail. Cwynodd y person wrth Price y Rhiwlas. Cafodd Gruffudd rybudd i adael ond aeth yr holl ffordd i Riwlas i bledio ei achos. Dywedodd Price y câi aros pe addawai beidio â chynnal yr un gwasanaeth yn ei dŷ byth mwy. 'Na wnaf wir, Mr Price,' ebe Gruffudd. 'Buasai'n well gennyf fod yn ddigartref.' Aeth yr ateb at galon y meistr tir ac meddai drwy ei ddagrau,

'Mi gei aros yn dy fwthyn a phan ddoi di i Sasiwn y Bala, tyrd â'th geffyl i'w gadw yma yn y Rhiwlas.' Dyna pryd y cafodd Gruffudd Sion y gaseg wen yn anrheg gan Price y Rhiwlas.

Wedi teithio tua thri chwarter milltir yn ein blaenau, deuwn at bentref bychan Sarnau. Neuadd y pentref yw canolbwynt holl weithgareddau diwylliannol yr ardal enwog hon. Yma y bu Llwyd o'r Bryn yn frenin ac yn gwarchod y Pethe am flynyddoedd maith. Ewch i mewn i'r neuadd a fu gynt yn ysgol ac fe welwch blac ar y mur sy'n cofnodi'r flwyddyn y bu R. Williams Parry yma yn ysgolfeistr (1912-13):

Roedd yno gordial at bob clwy
Mewn unigeddau fwy na mwy
Lle rhoddai'r nef i fachgen lleddf
Ddifyrru'i ddydd yn ôl ei reddf.

Ha wŷr fy mhrodyr! fel bae hedd
Y ddaear hawddgar ar fy ngwedd
Pe clywn yng nghoed y Berwyn pell
Y durtur eto gylch fy nghell.

ac

Mi fum yn bwrw blwyddyn,
A'i bwrw'n ôl fy ngreddf,
Trwy ddyddiau dyn a nosau
Y tylluanod lleddf,
Lle'r oedd pob gweld yn gysur
Pob gwrando'n hedd di-drai,
Heb hiraeth am a fyddai dro,
Nac wylo am na bai.

Bu dylanwad ei flwyddyn yn Sarnau arno gydol ei oes.

Ar y mur gyferbyn â phlac R. Williams Parry mae plac arall i gofio Llwyd o'r Bryn. Arno mae hen law yn trosglwyddo baton ras gyfnewid i law ifanc, ynghyd ag englyn Gerallt Lloyd Owen iddo:

Tybiais wrth fyned heibio – ei glywed
O'i oer glai yn sgwrsio,
Yma rwyf, ond blant fy mro
Daliwch heb laesu dwylo.

Yn y neuadd hon y byddai, ac y mae, cwmnïau drama Sarnau yn ymarfer ac yn perfformio.

Yng nghanol y pentref mae bwthyn gwyngalchog a fu unwaith yn siop a llythyrdy i drigolion yr ardal. Yma y magwyd Gerallt a Geraint Lloyd Owen.

Mae'r ffordd sy'n esgyn heibio i'r neuadd yn arwain at Lyn Creini neu Lyn Caer Euni. Llyn tawel 'yng nghesail y moelydd unig' ydyw, ar yr un gefnen â bryngaer Caer Euni. Dywedid gynt bod Cŵn Annwn yn hela ar Gefn Caer Euni a bod bugail corniog yn eu dilyn. Ai Cernunnos, yr hen dduw Celtaidd, ydoedd tybed? Ystyrid Llyn Creini yn un o lynnoedd sanctaidd y Derwyddon.

Wrth ddychwelyd ar yr A494, gwelwn hen adeilad ar y dde sy'n awr yn dŷ. Bod yn eglwys wladol oedd ei fwriad gwreiddiol. Gwelir olion ffenest eglwysig yn nhalcen y tŷ. Cyn cysegru'r eglwys, daeth y frech wen i'r ardal a daeth yr adeilad yn ysbyty i'r cleifion. Wedi i'r frech gilio, ni chysegrwyd yr adeilad ond daeth yn ysgol eglwysig yn ddiweddarach. Yma y derbyniodd Llwyd o'r Bryn a'i genhedlaeth eu haddysg pan oeddent yn nosbarth y babanod.

Ym mhen uchaf yr adeilad roedd hen fwthyn to gwellt gyda llawr pridd, ac fe'i defnyddid fel capel cyntaf y Methodistiaid yn y cylch. Yn y Tŷ Capel trigai Hugh Evans a'i wraig – un o sylfaenwyr yr achos yn Sarnau. Pan fyddai'r Sasiwn yn y Bala, arferai ei wraig ferwi llond crochan o lymru a'i adael wrth y drws ynghyd â phadellaid o lefrith i'r pererinion helpu eu hunain a chael eu hatgyfnerthu ar y daith. Symudwyd yr addoli i Gefnddwysarn pan adeiladwyd capel yno yn 1822.

Un o Sarnau oedd John Roberts hefyd (1806-79), gŵr a lafuriodd yn ddiwyd iawn i hybu cerddoriaeth yng nghyffiniau Aberdâr ac Aberystwyth. Ef yw awdur yr emyn-dôn 'Alexander' a gyfansoddodd pan oedd yn ddeunaw oed. Cyhoeddodd gasgliad o anthemau a chôr-ganau hefyd – *Seraff Cymru*.

Trown i'r dde ar yr A494. Mae'r ffordd yn dilyn ymyl Cors Sarnau a chafwyd cryn drafferth wrth adeiladu sylfaen y ffordd dyrpeg newydd. Llwyddwyd o'r diwedd drwy wneud sylfaen o filoedd o ysgubau grug.

Wedi teithio rhyw dri chwarter milltir deuwn yn ôl i Gefnddwysarn. Y tro yma, trown i'r chwith a dilyn y ffordd i Landderfel. Ymhen ychydig gannoedd o lathenni gwelwn ysgol newydd ar y dde – Ysgol Ffridd y Llyn. Codwyd hon i addysgu plant ardaloedd Cefnddwysarn, Sarnau, Llandderfel a Chwm Main.

Awn i fyny rhiw cymedrol hawdd ei ddringo nes cyrraedd copa gwastad. Ar y dde gwelir Coed y Mynydd Du a anfarwolwyd gan R.Williams Parry yn ei gerdd 'Tylluanod'. Wrth edrych yn ôl cawn olygfa ardderchog o ardaloedd Cefnddwysarn, Sarnau, Cwm Main a Bethel. Yr ydym yn awr ar Ffridd y Llyn. Hanner y ffordd dros gefnen Ffridd y Llyn gwelwn Lyn y Ffridd ar y dde, ac ar y chwith, y ffordd sy'n arwain i lawr at y Drewgoed ble bu Llwyd o'r Bryn yn ffermio gyda Nans. Ysgrifennodd R. Williams Parry gerdd sy'n sôn am Lyn y Ffridd:

Pan siglai'r hwyaid gwylltion
Wrth angor dan y lloer,
A Llyn y Ffridd ar Ffridd y Llyn
Trostynt yn chwipio'n oer,
Lleisio'n ddidostur wnânt i ru
Y gwynt o Goed y Mynydd Du.

Roedd Williams Parry mewn ofn dybryd wrth groesi'r gefnen unig hon wedi iddi nosi, yn enwedig pan fyddai oen llywaeth y Drewgoed yn ei ddilyn!

Cyn gadael Ffridd y Llyn a disgyn i lawr y rhiw serth i Landderfel, mae'n werth oedi am ychydig. Wrth edrych dros y dyffryn i'r chwith gellir gweld ffermdy'r Henblas, cartref Edward Jones, Bardd y Brenin (1752-1824). Bu'n delynor i Dywysog Cymru o tua 1790 ac roedd yn byw ym Mhalas St James. Casglodd a diogelodd lawer o'n hen gerddi drwy eu cyhoeddi mewn cyfrolau megis *The Musical and Poetical Relicks of the Welsh Bards, The Bardic Museum* a *Hen Ganiadau Cymru.*

Yn uwch i fyny'r llethrau mae Foty ble ganed R.J. Derfel, y Sosialydd a'r gwladgarwr o Gymro, bardd, llenor ac emynydd. Ysgrifennodd draethawd yn awgrymu sut y gellid addasu cyfarfodydd llenyddol yn golegau i'r werin. Treuliodd y rhan fwyaf o'i oes ym Manceinion. Ef yw awdur yr emyn hwn:

Dragwyddol, Hollalluog Iôr,
Creawdwr nef a llawr;
O! gwrando ar ein gweddi daer
Ar ran ein byd yn awr.

Bendithia holl dylwythau dyn
Â rhyddid pur a hedd;
A gad i bawb gael byw heb ofn,
Dan nawdd dy ddwyfol wedd.

Yn yr ucheldir hwn hefyd y mae Garth Lwyd neu Cae Llwyd. Dyma gartref un o'n beirdd clasurol, Huw Cae Llwyd (1457-1504). Canodd i bendefigion y deheudir ble y treuliodd lawer o'i oes. Hiraethai am Landderfel:

Er teced Gwent dan rent rydd,
A Morgannwg mawr gynnydd,
Dal hiraeth, rwy'n gaeth heb gêl,
Diorfod am Blwy Derfel.
O'r lle hwn a'r llu hynod
Llawen fyth ni allwn fod.

Yn 1475 aeth i Rufain, ac mewn cywydd mae'n rhestru'r creiriau a welodd yno. Tybed a welodd yr hyn a elwir heddiw yn Amwisg Turin (*Turin Shroud*)?

A thudded wrth ddioddef
A oedd yn wisg i Dduw Nef,

A'r brethyn a fu'n sychu'n saint
Esgeiredd Iesu gywraint.

Wedi rhestru nifer anhygoel o greiriau, dywed:

A rifai greiriau Rufain,
A rifai'r môr ef, a'r main.

Daeth adref wedi cael 'enaid rhydd', sef maddeuant llawn o bob pechod. Fe'i claddwyd yn Llanuwchlyn. Roedd ei fab, Ieuan ap Huw Cae Llwyd, yn fardd hefyd.

Yn yr ucheldir hwn mae'r Gistfaen ble bu Ifan Rowlands, bardd gwlad da iawn, yn byw ac yn ffermio. Dyma englyn ganddo i ddiolch am gael lloches mewn storm eira:

Chwi ranasoch eich lloches – nos y
               lluwch
  Â gwas llesg ei fynwes;
  Cefais dan do groeso gwres
  Eigionau'r galon gynnes.

Mae ei fab, R.J. Rowlands, yn fardd hefyd. Dyma ei englyn i'n difrifoli wedi gwledda'r Nadolig:

Wrth fwrdd y wledd eisteddwn – o
               ganol
  Digonedd y codwn;
  Heddiw nac anwybyddwn
  Waedd y lleill am weddill hwn.

Trown ein golygon tua'r de a chawn olygfa ardderchog o fynydd y Berwyn dros ddyffryn Dyfrdwy.

Adar ban cyson – gan sydd
Ar ei heulog orielydd;
A'r hedydd ar ei aden,
A'i gân bêr yn uchder nen.

                          Cynddelw

Wedi gwledda ar y golygfeydd,

*O Ffridd y Llyn tua'r Henblas a'r ucheldir
lle mae'r Foty a'r Gistfaen a Chae Llwyd*

Dyffryn Dyfrdwy ger Llandderfel o Ffridd y Llyn a'r Berwyn yn y cefndir

teithiwn o'r diwedd i lawr y rhiw serth i Landderfel. Awn i mewn i'r pentref heibio i'r eglwys sydd ar y dde inni. Mae'n werth ymweld ag Eglwys Derfel Sant. Yn yr oesoedd Pabyddol, roedd cerflun o'r sant yn marchogaeth carw coch i'w weld yno. Pan gliriwyd yr eglwysi o bob cerflunwaith yn yr unfed ganrif ar bymtheg, aeth Dr Ellis Prys â'r cerflun o'r sant i Lundain, ond erys yr hen garw yn yr eglwys o hyd. Roedd hen, hen goel yn Llandderfel y byddai delw Derfel yn rhoi coedwig ar dân. Defnyddiwyd yr hen ddelw bren ohono yn y goelcerth pan losgwyd Mynach Forest:

David Derfel Gutheren
As sayeth the Welshman
Fetched outlawes out of hell;
Now is he come with spere and
sheld,
I'n harness to burn in Smithfeld,
For in Wales he may not dwell.

And Forest the freer (frier)
That obstinate lyer,
That wylfully shalbe dead.
In his contumacye,
The gospel doth deny
The Kyng to be supreme heade.

Mae galluoedd Derfel a'r hen dduw Celtaidd Cernunnos mor debyg i'w gilydd nes arwain dyn i gredu mai adlais o addoliad Cernunnos oedd addoliad Derfel. Roedd Cernunnos yn dduw natur a'r isfyd, neu Annwn, ac offrymid anifeiliaid i Derfel ar ei ddydd gŵyl ar Ebrill 5ed. Credid hefyd y medrai Derfel nôl eneidiau o uffern. Gwisgai Cernunnos gyrn carw ar ei ben a marchogai Derfel garw coch. Dangosir Cernunnos mewn cerfiadau

(megis crochan Gundestrup) gyda gwiber yn ei law. Y mae chwedl am wiber Llandrillo yn y cylch. Noder hefyd gysylltiad Derfel â'r goedwig yn yr hen rigwm.

Yn y fynwent mae bedd Geunor Bodelith y dywedir iddi fyw am bedair blynedd olaf ei hoes ar ddim ond dŵr o ffynnon Bodelith! Ar ei beddfaen ceir yr englyn hwn gan Jonathan Hughes, Llangollen:

Deg saith, mun berffaith y bu, – o
fisoedd
Yn foesol mewn gwely,
Heb ymborth, ond cymorth cu
Gwres oesol grasau Iesu.

Trown i'r chwith i *Trafalgar Square*. Mae yma hen ysgol ble bu Tom Ellis yn ddisgybl (nid aeth i Ysgol Eglwys Sarnau).

Dros yr afon mae pafiliwn helaeth ble cynhelir Eisteddfod y Groglith – un o Eisteddfodau'r Llannau.

Yn Llety'r Awen, sydd yn y rhes o dai gydag ochr y sgwâr, trigai'r bardd Dewi Havhesp. Roedd yn englynwr medrus. Dyma'i englyn i ferch benfelen:

Grudd fad is llygaid glas llon – a
dwy ael
Is dellt crych felynion;
Ha! fe alwyd nefolion
I hollti aur yn wallt i hon.

Ychydig i fyny'r ffordd sy'n arwain dros y bont garreg gwelir Capel Rama. Mae'r capel wedi ei gau yn awr ond unwaith roedd ynddo garreg goffa i'r dewrion a drowyd o'u ffermydd wedi etholiad 1859. Y Parch Michael D. Jones oedd y gweinidog ar y pryd a'i fam oedd Mary Jones, Weirglodd

Carreg Capel Rama, Llandderfel, sydd yn awr yn Neuadd Derfel

Llandderfel

Wen, Llanuwchllyn. Ceir ei henw hi ar y garreg sydd yn awr wedi ei diogelu yn Neuadd Derfel.

Yn y pentref hwn y trigai'r hanesydd lleol gwych, Evan Roberts.

Ar y dde wrth adael y pentref, awn heibio i'r ysgol sydd wedi ei chau yn awr. Yma y bu D.J. Williams yn athro. Bu'n gymwynaswr mawr i blant Cymru wrth gynhyrchu llyfrau di-rif i ysgolion ac ef a gafodd y syniad i ddechrau'r comig *Hwyl*. Bu farw wedi i chwe rhifyn ymddangos a throsglwyddwyd yr olygyddiaeth i Ifor Owen. Bu'r Prifardd John Evans yn brifathro yma hefyd.

Awn ymlaen nes cyrraedd Cofeb y Milwyr a'r B4401. Dros y ffordd gwelir afon Dyfrdwy unwaith eto. Dros yr afon yn y coed ceir cip ar blasty Pale. Oddeutu 1639, pan oedd yn dŷ llai gwych, roedd yn gartref i'r bardd, hynafiaethydd ac achyddydd Ieuan Llwyd Siffre. Priododd Ieuan yn eglwys Llandrillo pan oedd yn un ar ddeg oed, a dyna oedd oedran y ferch a briododd hefyd! Yr Ysgotyn a'r peiriannydd rheilffordd Syr Henry Robertson a adeiladodd y plasty presennol. Ef a gynlluniodd y rheilffordd o Gaer i Amwythig gyda'r pontydd enwog dros ddyffrynnoedd Dyfrdwy a Cheiriog yn ogystal â'r rheilffordd o Riwabon drwy Landderfel i'r Bala a Dolgellau. Bu'n Aelod Seneddol Rhyddfrydol dros Feirionnydd yn 1885 a Tom Ellis oedd ei olynydd yn 1886.

Os edrychwn i fyny'r fron goediog ar y dde, cawn gip ar blasty y Fronheulog. Codwyd y plasty hwn gan John Davies, mab Gabriel Davies – y saneuwr cyfoethog o'r Bala. Roedd John Davies yn Fethodist selog fel ei dad ac yn y Fronheulog yr arhosai

pregethwyr enwog Sasiynau'r Bala. Gellir amgyffred pwysigrwydd eithriadol y diwydiant gwau yn y Bala a Phenllyn yn niwedd y ddeunawfed ganrif a dechrau'r bedwaredd ar bymtheg wrth gofio bod Gabriel Davies wedi gadael hanner miliwn o bunnoedd yn ei ewyllys. Arferai gwraig Thomas Charles gyfeirio ato fel *The Angel!*

Trown i'r chwith dros bont fawr afon Dyfrdwy a thros y bont sy'n mynd dros hen wely'r rheilffordd a safle'r orsaf gynt. Bu miri mawr yn yr orsaf hon yn 1889 pan ddaeth y Frenhines Victoria i aros ym mhlasty Pale, Llandderfel. Roedd ei thrên yn cynnwys 13 cerbyd salŵn a cherbydau ychwanegol i gario 75 o wasanaethyddion, wyth o geffylau a dwy lando! Bu côr cymysg Llandderfel yn ei diddori ym mhlasty Pale a chafodd yr arweinydd rodd o faton hardd ganddi. Roedd si ar led ei bod â'i bryd ar brynu'r plasty er mwyn cael tŷ yng Nghymru fel oedd ganddi yn yr Alban!

Ar y dde, gwelir *lodge* Pale. Bu'r athro a'r athronydd enwog David Miall Edwards yn byw yma. Roedd yn athro yng Ngholeg Aberhonddu a chyhoeddodd lawer o lyfrau ar bynciau athronyddol a diwinyddol gan ddefnyddio'r Gymraeg fel cyfrwng naturiol ac eglur.

Wrth westy Bryn Tirion trown i'r dde ar hyd y B4403 gan ddilyn y ffordd heibio cefn plasty Pale. Cyn hir deuwn at ffordd y B4391 sy'n esgyn ohoni tua'r chwith. Dyma ardal Caletwr. Yma gwelir Melin Caletwr, cartref Hugh Derfel Hughes (1816-1890), awdur yr emyn 'Y Gŵr a fu gynt o dan hoelion'. Fe genir yr emyn hwn am dri o'r gloch bob blwyddyn yn Eisteddfod y

Groglith, Llandderfel. Symudodd Hugh Derfel Hughes i ardal Tregarth, Bethesda, ac fe ysgrifennodd lyfr am hanes yr ardal honno yn ogystal â chyfrolau o farddoniaeth. Ef oedd taid Syr Ifor Williams.

Yn yr ardal hon hefyd y mae Tyddyn y Barwn, cartref yr englynwr Owen Parry Owen, taid Gerallt a Geraint Lloyd Owen. Dyma ei englyn i'r Amgueddfa Werin yn Sain Ffagan:

Y mae hen oes o'i mewn hi, – a gwledig
                      gwledig
  Oludoedd geir ynddi;
  Nid mynwent lwyd mohoni
  Ond lloches i'n hanes ni.

Awn ymlaen ar hyd y B4403 tua'r Bala a sylwn fod y dyffryn yn culhau nes ei fod bron yn geunant. Yn y ganrif ddiwethaf, bu peirianwyr o Lundain yn trafod cynllun i godi argae yn y lle cul hwn er mwyn creu llyn anferth i gronni dŵr i drigolion Llundain. Buasai'r llyn hwnnw wedi boddi'r Bala a holl ardaloedd Penllyn gan wireddu'r hen ddywediad: 'Bala aeth a Bala aiff, a Llanfor aiff yn llyn'. Sylw person Llanfor ar y pryd oedd y byddai'r cynllun yn . . .

   . . . *somewhat alter the configuration of this Penllyn for our grandchildren, and prove the greatest of boons to thirsty London, now annually suffering from an easily preventible water famine.*

Byddai'r Bala wedi cael ei hailadeiladu yn ucheldir Cefnddwysarn a Llandderfel!

Wedi i'r ceunant ddechrau ymagor ychydig, gwelwn blasty Bodwenni yr

ochr bellaf i'r afon. Arferai Morgan Llwyd o Wynedd bregethu yma ar ei ffordd o'i gartref yn y Cynfal Fawr, Ffestiniog i'w eglwys yn Wrecsam. Yn ei bregethau, cyfeiriai Morgan Llwyd at y Goleuni Mewnol. Wedi ei farwolaeth yn ddeugain oed yn 1659, efallai fod ei gynulleidfa wedi ffurfio cnewyllyn Crynwyr Penllyn a'u pwyslais hwythau ar y Goleuni Mewnol. Ni ddaeth Morgan Llwyd yn Grynwr ond daeth un o'i ddisgyblion yn Wrecsam, John ap John, yn Apostol y Crynwyr yng Nghymru. Morgan Llwyd oedd un o arwyr Tom Ellis hefyd a gychwynnodd ysgrifennu llyfr amdano. Ysywaeth, un gyfrol a lwyddodd i'w chwblhau cyn iddo farw yr un oedran â'i arwr. Gorffennwyd y gwaith gan ei frawd-yng-nghyfraith, J.H. Davies, Aberystwyth. Brawddeg o ysgrifau Morgan Llwyd sydd ar gofgolofn Tom Ellis yn y Bala: 'Amser dyn yw ei gynhysgaeth'. Ychwanegodd Morgan Llwyd, 'a gwae a'i gwario yn ofer'.

Mae'r dyffryn yn ymagor yn awr. Ar y chwith mae ardal Llwyneinion ac ar y dde mae bryn y Garth Goch. Ar y Garth Goch yn 1873 y cynhaliwyd y sioe gŵn gyntaf erioed gan un o Breisiaid y Rhiwlas.

I lawr y ffordd i'r dde mae Pandy Isaf ble trigai Robert William (1744-1815), bardd ac athro barddol.

Cyn hir, mae'r ffordd yn gwyro i'r chwith tua phentref bychan Rhos-ygwaliau. Rhaid mynd drwy'r pentref a thros y bont dros afon Hirnant. Wrth ddilyn y ffordd ymlaen i fyny Cwm Hirnant, deuwn yn y diwedd at Lyn Efyrnwy. Nid awn y ffordd honno heddiw er mor ddiddorol fuasai'r daith, eithr trown i'r chwith a dod at hen blasty Rhiwedog. Bu Rhiwedog yn llys i Rhirid Flaidd oddeutu 1160 ac roedd ganddo diroedd ym Mhennant Melangell dros y Berwyn hefyd. Roedd yn gefnder i Madog ap Maredudd, brenin olaf Powys unedig. Mae llawer o deuluoedd Penllyn yn ddisgynyddion iddo. Ceir cyfeiriad at Neithior Reiol a gynhaliwyd yn Rhiwedog:

> Bid hysbys vod Neithior Reiol yn y plas yn Rhiwedog, rhwng William Lloyd, mab ac etifedd Elisau ap William Lloyd ap Morys, ag Elsbeth verch Owain ap John ap Hywel Vychan o Lwydiarth ym Mhowys a Chaergai ym Mhenllyn, dduw Sul yr ugeinfed dydd o fis Hydref, oed Crist MV a V (1555).

Yn y neithiorau hyn byddai bwyd ar raddfa anghredadwy yn cael ei baratoi: cig gwyddau, eidion, myllt, porc, hwyaid, cwningod, elyrch, peunod, crehyrod, ceiliogod coed, ceiliogod du, gylfinir, petris, cwtieir, rhegen yr ŷd, dyfrieir, a llawer mwy, cwrs ar ôl cwrs ar ôl cwrs. Byddai cig cŵn ar y fwydlen hyd yn oed!

Roedd Rowland ab Elise o Riwedog o flaen Llys y Seren yn barhaus; un tro am iddo orfodi bwrdeisiaid y Bala i'w ddewis yn faer flwyddyn ar ôl blwyddyn, dro arall am ymosod ar ei gymdogion. Gŵr i'w ochel oedd hwn yn sicr.

Deuwn yn ôl at y bont. Gerllaw ar y chwith mae Eglwys y Drindod – un o'r eglwysi a adeiladwyd ym Mhenllyn gan deulu'r Rhiwlas i geisio denu eu tenantiaid Ymneilltuol yn ôl at yr Hen Fam.

Wedi croesi'r bont mae'r ffordd ar y chwith yn arwain i ardal Cefnddwygraig. Yma y trigai un o'r Gogynfeirdd olaf, Madog Dwygraig (c.1370). Byddai'n canmol ei noddwyr, gwŷr megis Gruffudd ap Madog o Lechwedd Ystrad:

> Llun teyrnaidd, lyw llin teyrnedd
> Yn gynt no'r lluchwynt dir Llechwedd
>   Ystrad
> Dofai ugeinwlad, difai gan wledd.

Cafodd roddion ganddo:

> O'i ddillad bum clyd hyd hydr
>   ddiwedd,
> O'i law bu i anaw (*rhoddion*)
>   buanedd llifnant.

Deuwn yn ôl drwy'r pentref ac i fyny'r rhiw tua'r Bala. Wedi cyrraedd copa'r rhiw ceir golygfa wych o dref y Bala, y llyn a'r cwmpasoedd.

Cyn croesi Pont Mwnwgl-y-llyn gwelwn domen gastell ar y chwith. Ai hon yw tomen Gronw Bebr, Arglwydd Penllyn, a aeth i drybini carwriaethol â Blodeuwedd ym Mur y Castell ger Trawsfynydd? Roedd y castell hwn yn gwarchod hen dref y Bala. Ystyr 'Bala' yw'r man lle mae afon yn gadael llyn. Roedd rhyd bwysig yma cyn codi'r bont ac yn yr hen amser roedd gwarchod rhydau yn bwysig iawn, a bu llawer o ymladd o gwmpas y mannau hwylus hyn i groesi afonydd.

Nid yw afon Dyfrdwy yn llifo dan yr hen bont yn awr. Llifa dan bont newydd gerllaw. Arhoswn ennyd i fwynhau'r olygfa i fyny'r llyn tua'r Aran a Chadair Idris, cyn dychwelyd i'r Bala.

Godre'r Arennig a Llyn Celyn

Awn allan o'r Bala ar hyd yr A4212 sy'n mynd i gyfeiriad Ffestiniog.

Ar y chwith gwelwn Eglwys Crist a adeiladwyd yn 1858 fel nad oedd raid i drigolion y Bala gerdded yr holl ffordd i Lanycil i bob gwasanaeth. Hefyd ar y chwith gwelir Ysgol Uwchradd y Berwyn. Mae'r ysgol hon ar safle hen Ysgol Sir y Merched. Yn 1964 ymunodd Ysgol Tŷ Tan Domen, sef Ysgol Ramadeg y Bechgyn, ag Ysgol y Merched i greu Ysgol Uwchradd y Berwyn.

Yn llenwi'r gorwel o'n blaenau mae adeilad urddasol Coleg y Bala ac yn eistedd yn dawel o'i flaen mae cerflun o Lewis Edwards, ei brifathro cyntaf. Bu farw Lewis Edwards yn 1887 wedi cysylltiad di-dor â'r coleg am hanner canrif. Bu llawer athro dawnus arall yn y coleg megis Dr John Parry a olygodd y gwaith enfawr hwnnw, *Y Gwyddoniadur Cymraeg* (1853). Bu Daniel Owen yn fyfyriwr yma yn ogystal â channoedd o bregethwyr dawnus eraill. Roedd yma lyfrgell ardderchog hefyd cyn ei chwalu i'r pedwar gwynt.

Ar y chwith bron gyferbyn â'r coleg gwelir Bod Iwan, y tŷ a adeiladodd y Parch Michael D. Jones, prifathro Coleg yr Annibynwyr yn y dref. Bu Coleg yr Annibynwyr ym Mod Iwan am gyfnod hefyd. Yn ddiweddarach, symudwyd y coleg i Fangor a'i alw'n Coleg Bala-Bangor.

Pe baem yn dilyn y ffordd sy'n fforchio i'r chwith wrth faen coffa Michael D. Jones a throi i'r dde ar ben y rhiw, byddem yn cyrraedd bwthyn Pen-rhiw. Dyma'r bwthyn ble magwyd Elizabeth Davies neu Betsi Cadwaladr (1789-1860), merch a anturiodd, a hithau'n 65 oed, fel nyrs i Ryfel y Crimea. Cafodd anturiaethau anhygoel eraill. Nid oedd yn cyd-dynnu â Florence Nightingale o gwbl. Cwynai nad oedd Florence byth yn dod yn agos at faes y gad. Cyfeiriai Florence Nightingale at Betsi fel *'that wild woman from the Welsh hills'*.

Dychwelwn at yr A4212 a throi i'r chwith heibio Bod Iwan, ac wrth deithio i lawr y rhiw gwelir adfeilion hen ffatri wlân Ffatri Ffrydan o'r golwg yn y coed. Cafodd y Frenhines Victoria frethyn o'r ffatri hon pan oedd yn ymweld â'r cylch yn 1889. Bu dau emynydd enwog yn gweithio ynddi hefyd; William Jones (1764-1822) oedd un:

Yr Iawn a dalwyd ar y Groes
Yw sylfaen f'enaid gwan;
Wrth bwyso arno ddydd a nos
Rwy'n disgwyl dod i'r lan.

Y llall oedd William Edwards (1733-1853) a ysgrifennodd:

Does neb ond Ef, fy Iesu hardd,
A ddichon lanw 'mryd;
Fy holl gysuron byth a dardd
O'i ddirfawr angau drud.

Does dim yn gwir ddifyrru 'foes
Helbulus yn y byd
Ond golwg mynych ar y groes,
Lle talwyd Iawn mewn pryd.

Mi welaf le mewn marwol glwy'
I'r euog guddio'i ben;
Ac yma llechaf nes mynd trwy
Bob aflwydd is y nen.

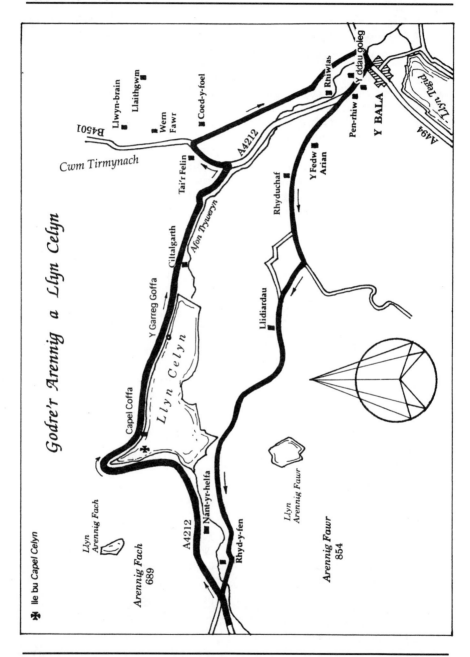

Roedd William Edwards yn nai ac yn ddisgybl i Robert William o'r Pandy Isaf.

Yng ngwaelod y rhiw mae'r ffordd yn fforchio. Cymerwn y ffordd i'r chwith a theithio i fyny'r rhiw am tua chwarter milltir. Ar y chwith ar ben y rhiw mae'r Fedw Arian ble trigai William Roberts, datgeinydd Cerdd Dant enwog yn ei ddydd. Roedd yn ffrind i Cynan.

Bydd Anwen a Wil pan farian'
Y ddôr rhag y nos tu allan
Yn mynd dros aur pob rhyw awen
glaer
Yn daer yn y Fedw Arian.

Nid bostio pa faint a warian'
Ond sôn am yr aur anniflan;
Telyn ar y llawr hyd doriad gwawr
A'n dawr yn y Fedw Arian.
Cynan

Bu cynghorydd enwog gyda'r Methodistiaid yn byw yn y Fedw Arian hefyd, sef William Edwards (1725-1800) a gyhoeddodd lyfr emynau yn 1789.

Wedi cyrraedd y gwastatir ar ben y rhiw ac edrych tua'r dde, ceir golygfa dda o Gwm Tirmynach. Roedd llawer o Grynwyr yn yr ardal honno yn ystod yr ail ganrif ar bymtheg.

Cyn hir deuwn at bentref bychan Rhyduchaf. Yn y fynwent dros y ffordd i'r capel mae bedd Dr Gwennan Jones, yr ysgolhaig a'r Gymraes bybyr a fu'n diwtor yng Ngholeg y Brifysgol, Aberystwyth. Brodor o'r ardal hon ydoedd. Yma hefyd y magwyd y naturiaethwr R. Vaughan Jones, a fu'n brifathro yn ysgol Llanarmon-yn-Iâl.

Awn ymlaen heibio i'r ysgol ar y dde sy'n neuadd bentref yn awr. Mae cryn

hanner dwsin o ysgolion bach wedi eu cau ym Mhenllyn yn ystod yr hanner canrif ddiwethaf yma.

Cyn hir deuwn at gapel Llidiardau a chlwstwr o dai. Wedi mynd heibio i'r capel byddwn yn croesi gweundir eang gyda'r Arennig fawreddog yn gefndir iddo. Medrwn adael y car a cherdded at Lyn Arennig sy'n disychedu ardal Penllyn â dŵr pur.

Awn ymlaen a deuwn at olion pentref coll Arennig. Gynt, roedd y trigolion yn dibynnu ar waith yn y chwarel wenithfaen gerllaw. Magwyd y ddau fardd John Lewis Jones ac Ithel Rowlands yma. Dyma englyn Ithel i'r famog:

Yn gynnwrf wedi'r geni – y rhewodd
Ar drawiad bugeilgi,
Yn ddi-ofn, er yn ofni,
Yn maeddu'i her – mam oedd hi.

Pwy na welodd y darlun hwnnw yn y gwanwyn?

Wrth weld Llyn Celyn, canodd John Lewis Jones:

Wylaf am yr anwyliaid – a hydrin
Ddirodres hynafiaid,
A'r llu hoff dan ddŵr a llaid
A dylif y fandaliaid.

Awn ymlaen dros hen bont y rheilffordd o'r Bala i Flaenau Ffestiniog. Yn awr byddwn yn ymuno â'r A4212 eto. Cyn dilyn hon i'r dde trown ein golygon i'r chwith tua ucheldir y Gobsiol. Dyma gynefin yr hen faledwr toreithiog Owain Gobsiol neu Ywain Meirion. Crwydrai o ffair i ffair yn y ganrif ddiwethaf, ond nid oedd yn fyd da ar faledwyr:

Wrth rodio ffeiriau a rhew i'm fferru
Bum lawer gwaith a 'nhraed yn
wlybion
A 'nghrys fel cadach llestri yn union.

Byw ar driswllt, bron drysu – am
wythnos
A methu trafaelu,
Drudaniaeth yn dirdynnu
I'm herbyn, er dychryn du.

Pan fu farw'r baledwr yn Llanbryn-mair
yn 1868, yn 65 oed, canodd
Mynyddog englyn i'w goffáu:

Baledwr heb waelodion – i'w
ddoniau
Oedd hwn; mae'i wlad dirion
Yn weddw 'nawr am y ddawn hon
Yn marw Ywain Meirion.

Pe baem yn dilyn y ffordd i'r chwith
am ryw filltir deuem at Nant Ddu
islaw'r ffordd. Yma y bu Augustus
John a J.D. Innes yn aros am gyfnod.
Paentiodd y ddau lawer darlun o'r
Arennig tra oeddent yno.

Trown i'r dde i lawr yr A4212. Ar y
dde ar yr hen ffordd mae Rhyd-y-fen
ble bu George Borrow yntau yn aros.

Ar y dde eto mae adfeilion Nant-yr-
helfa, cartref Arthur Jones, un o
efengylwyr pwysig y Crynwyr ym
Mhensylfania.

Yna'n sydyn, deuwn i olwg Llyn
Celyn, y llyn a gronnwyd gan ddinas
Lerpwl er gwaethaf protestiadau
Cymru gyfan. Mae'r briffordd yn troi o
amgylch lleoliad pentref Capel Celyn,
drwy ardal Gwernefail a heibio i'r capel
coffa a godwyd gan Lerpwl. Ynddo
ceir enwau pawb a gladdwyd ym
mynwent y capel sydd dan y dŵr.
Weithiau, ar dywydd sych, daw'r
adfeilion i'r golwg, fel y sylwodd y

prifardd Elwyn Edwards:

Olion fy hil a welaf, – ac aelwyd
A foddwyd ganfyddaf;
Ailagor craith i'r eithaf
A wna Cwm yr hirlwm haf.

Magwyd nythaid o feirdd yn yr ardal
hon yn ogystal â gwŷr a gwragedd
hyddysg yng nghelfyddyd Cerdd Dant
megis Watcyn o Feirion a'i deulu. Un
o'i ferched ef oedd Elisabeth Mrowiec,
ysgrifenyddes ddiwyd Pwyllgor
Amddiffyn Tryweryn.

Mae'r ffordd newydd yn dilyn glan y
llyn ac yn y dŵr mae cartrefi beirdd
megis Ifan Rowlands, Tyrpeg, (y
Gistfaen wedi hynny):

Y Rhosyn

Ir a siriol bersawrydd – y rhosyn
Ddwg ein traserch beunydd;
Chwery harddwch yr hwyrddydd
Ar liwiau'i dwf, berl y dydd.

Cyn gadael glannau'r llyn gwelir
cilfach barcio ac ar ei chwr mae carreg
i goffáu gardd gladdu'r Crynwyr gynt, a
Hafod Fadog ble'r arferent ymgynnull i
addoli'n ddistaw.

Awn heibio i'r argae a gadael y llyn
a'i atgofion trist:

Hen fwystfil o lyn,
a reibiodd i'w grombil oer
gymdogaeth wâr.
Llarpiodd
ei llên a'i chân,
a'i Gwerin Gymraeg.
Bu hon erioed
yn gynefin â dolur
cyn ymdawelu
yn hedd Gardd Gladdu Hafod Fadog
neu yng Ngelli'r Cochiaid
ym Mhensylfania bell.

Llyn Celyn

Betsi Cadwaladr

A pha siawns oedd i'w hepil
yn erbyn y dŵr
a lanwodd eu gorffennol
a llaid
gormeswyr Lerpwl.
Y dyfroedd llafar
yn crio'r brad
yn Llyn Celyn.
ac ar ei lan
y parodi o gapel
gwag.

Ifor Owen

Ar y dde gwelwn yr hen Giltalgarth, cartref Hugh Roberts y Crynwr enwog a oedd yn gyfaill i William Penn. Gyda'i feibion, cododd i safleoedd o ddylanwad yn Philadelffia.

Yr ydym yn awr yn troedio ardal bwysig yn hanes Crynwyr Penllyn.

Ar waelod y rhiw mae ffordd yn troi i'r dde tuag at y ganolfan canŵio dŵr gwyn ble cynhelir cystadlaethau canŵio rhyngwladol.

Cyn hir wedi mynd heibio capel gwag Ty'n Bont ar y dde, deuwn i olwg pentref bychan Fron-goch. Ar gwr y pentref trown i'r gilfach barcio sydd ar y dde. Dros y ffordd i'r gilfach mae ffermdy Fron-goch. Yma y trigai Sarah Evans, merch Cadwaladr ab Evan, cyn i'w theulu ymfudo gyda'r Crynwyr i Bensylfania yn 1698. Maes o law, daeth Sarah yn hen nain i Abraham Lincoln.

Ar y bryniau oddi amgylch mae ffermydd eraill a fu'n gartrefi i Grynwyr Penllyn: Llaithgwm, Wern Fawr, Llwyn-brain (Braner) a Choed-y-foel.

Deuwn yn ôl at y gilfach barcio a thros y gwrych i'r dde mae'r tir ble y carcharwyd 1,832 o Wyddelod wedi gwrthryfel y Pasg yn Nulyn yn 1916.

Bu'r enwog Michael Collins yma'n garcharor. Fe welir un o'r cabanau yn uwch i fyny wrth wrych y cae. Bu carcharorion Almaenig yn y gwersyll hefyd cyn dyfodiad y Gwyddelod. Hen waith chwisgi a godwyd gan R.J. Lloyd Price y Rhiwlas oedd un rhan o'r gwersyll. Roedd gan R.J. Lloyd Price ddiddordeb mawr mewn sefydlu diwydiannau lleol. Ar leoliad yr hen waith chwisgi mae ysgol newydd Bro Tryweryn heddiw.

Ewch i lawr at y siop a sylwch ar garreg yn y mur â'r geiriau canlynol arni:

Home made house,
All bricks and slates
produced on Rhiwlas Estate.

Fel yr awgryma'r garreg, roedd gan R.J. Lloyd Price waith brics a chwarel yn ogystal â gwaith pridd, pannwr a warin magu cwningod.

Awn yn ôl at y car ac wrth adael y pentref trown i'r chwith. Ymhen rhyw chwarter milltir mae adfeilion hen felin ar y dde, ac ar ei chyfer ar fin y ffordd mae cofeb i Bob Tai'r Felin. Mae fferm Tai'r Felin gerllaw. Bu Bob Tai'r Felin a'i gwmni yn diddori cynulleidfaoedd ledled Cymru yn ogystal ag ar y radio yn y Noson Lawen. Roedd yn ganwr gwerin heb ei ail ac yn barddoni hefyd. Dyma englyn o'i waith:

Dad o'r nef, rho dangnefedd – i gysgu
    A gwasgar f'anhunedd;
    O! am gael ymgeledd,
    Iesu byw, cyn nos y bedd.

Daeth tyrfa fawr i gladdedigaeth Bob ym mynwent Llanycil yn 1956 ac wrth sylwi ar y dyrfa, meddai ei gyfaill Robert Roberts y Clôddiau, 'Tyrfa olaf

Ciltalgarth – man geni y Crynwr Hugh Roberts

Capel Celyn

Tai'r Felin'.

Ger adfeilion yr hen felin, trown i fyny'r rhiw o'r ffordd fawr. Ym mhen y rhiw, trown i'r dde. Y ffermdy cyntaf yw Coed-y-foel ac fe â'r ffordd drwy'r buarth. Dyma gartref Edward Ffouke ac Elinor ei wraig a aeth gyda'u naw plentyn i Bensylfania. Cafwyd mordaith ofnadwy ar y *Robert & Elizabeth* o Lerpwl. Parhaodd am un wythnos ar ddeg. Cafwyd afiechyd heintus ar y llong a bu farw pump a deugain o'r teithwyr. Roedd y mordeithiau hyn yn llawn perygl fel yr adrodda'r bardd o Grynwr, Huw Gruffudd o Lwyn-brain. Wedi canmol y wlad newydd ar ddechrau'r cywydd fe ddywed:

Gwlad bendith y gwenith gwâr,
Llawn dŵ yn llenwi daear . . .

Yna daw'r rhybudd:

Llawer gwas glân gwiw – glân glod
O'r golwg aeth i'r gwaelod,
Ym mru llaid y môr llydan;
Cyn cael tir, geirwir yw'r gân,
Nid oes dianc grafanc gre,
Loyw-ing, o law Ange.

Mae disgynyddion y teulu hwn wedi cadw cysylltiad â'i gilydd a bydd aduniad mawr yn cael ei gynnal bob canrif. Bydd y nesaf yn 1998 i goffáu tri chan mlynedd yr ymfudo. Roedd Edward yn un o ddisgynyddion Rhirid Flaidd.

Awn ymlaen yn ofalus ar hyd ffordd weddol gul cyn dod at blasty'r Rhiwlas. Dyma ganolbwynt stad eang o eiddo'r Preisiaid. Sylwn ar y tyrau castellog sy'n rhan o'r fynedfa i fuarth y fferm a'r stablau ar y chwith. Mae'r plasty ar y dde o'r golwg i fyny'r dreif. Tŷ gweddol

ddiweddar yw'r Rhiwlas presennol ond o'i flaen bu yma bedwar tŷ o leiaf. Tŷ ffrâm bren oedd y cyntaf, yna cafwyd tŷ chwaethus o gyfnod Elisabeth y Cyntaf. Yna, cuddiwyd hwnnw gan adeilad castellog a oedd fel plisgyn amdano. Pan dynnwyd y plisgyn castellog ymaith yn ddiweddar cafwyd hyd i lawer o nodweddion yr ail dŷ. Un oedd distyn derw gyda thair brawddeg wedi eu cerfio arno – brawddeg Saesneg, brawddeg Ladin (yn dweud bod y tŷ wedi cael ei adeiladu yn oes Elisabeth y Cyntaf), a brawddeg Gymraeg:

Bydd dda o'th olud tra vych yn y
meddiant
val i bo ysdor yt panelych.

Neu o'i ddiweddaru:

Bydd ofalus o'th olud tra fyddi yn ei
feddiannu,
fel y byddo'n ystor it pan elych.

Oddi mewn i'r tŷ presennol mae nifer o ddarluniau diddorol. Mae yno ddarlun o Catrin o Ferain yn ferch ifanc dlos, darlun o'r Cyrnol William Price – Brenhinwr ffyddlon – a darlun hefyd o Dr Ellis Prys (y Doctor Coch) neu ei fab, Thomas Prys y bycanîr a'r bardd. Roedd Rhiwlas yn gyrchfan i feirdd hefyd gynt.

Cyhoeddodd R.J. Lloyd Price (1843-1923) amryw o lyfrau megis *Rulace and Ruedok; Rabbits for Profit and Rabbits for Powder; Dogs, Ancient and Modern.*

Ymhellach i lawr y ffordd gwelir hen adeilad ar y chwith. Un arall o fentrau diwydiannol R.J. Lloyd Price oedd hwn – gwaith gwneud brwshis. Bu'n potelu dŵr Ffynnon Beuno dan yr enw

'Rhiwalis' ac fe hoffai fod wedi medru cychwyn ffatri laeth ym Mhenllyn hefyd. Bu'n argymell gosod rheilffordd gul gydag ochrau'r priffyrdd i hwyluso gwaith y ffermwyr i ddod â'u cynnyrch i'r farchnad yn ogystal â rhoddi ceffyl a chert i bob postmon i'r un perwyl. Roedd ei wraig Evelyn yn ffermio Rhiwlas ac yn afon casgenni o lefrith gyda'r trên i Lerpwl a Manceinion bob dydd.

Awn ymlaen, ymuno â'r A494 ger pont y Bala ac yn ein holau i'r dref.

Afon Tryweryn

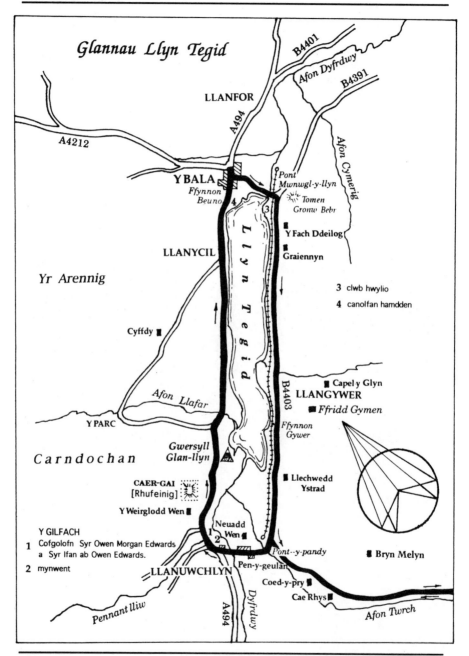

Glannau Llyn Tegid

Teithiwn o'r Bala ar hyd y B4403 tua Phont Mwnwgl-y-llyn gan sylwi eto ar yr olygfa ardderchog i fyny Llyn Tegid tua'r Aran a Chadair Idris. Mae'r olygfa hon yn wahanol bob dydd.

Croesi'r bont newydd a heibio i'r hen bont fwaog. Yn union o'n blaenau gwelwn domen gastell Gronw Bebr. Anfarwolwyd Gronw Bebr yn y Mabinogion oherwydd ei garwriaeth â Blodeuwedd.

Trown i'r dde wedi croesi'r bont. Ar y chwith mae safle hen orsaf y Bala a gorsaf bresennol Rheilffordd Llyn Tegid. Gellir cael taith bleserus iawn ar y trên bach gyda min y llyn i Lanuwchllyn.

Ar y dde mae canolfan Clwb Hwylio'r Bala.

Ymlaen dros bont y rheilffordd ac ar y chwith mae Clwb Golff y Fach Ddeiliog. Mae'r hen blasty led cae i ffwrdd. Gwesty a motel yw yn awr.

Ar y chwith ym mhen ucha'r coed mae ffermdy'r Graiennyn, cartref Rowland Huw (1714-1802), bardd ac athro barddol. Roedd yn emynydd hefyd:

Tydi a'm ceraist cyn fy mod,
Fy Nhad a'm priod teilwng;
A gwedi'm rhwymo â phechod
caeth,
Tydi a ddaeth i'm gollwng.

Yn y Graiennyn y ganed Rowland Huw Pritchard (1811-87) hefyd – cerddor a gyhoeddodd y llyfr tonau *Cyfaill y Cerddor* yn 1844. Pan oedd yn ugain oed, cyfansoddodd y dôn boblogaidd 'Hyfrydol'. Cyhoeddodd lyfrau eraill hefyd. Tybed ai'r enw Graiennyn a awgrymodd yr hen enw Saesneg ar Lyn Tegid, *Pimblemeer*?

Wedi troi i'r chwith i fyny ffordd gul, serth deuwn at fan ble ceir golygfa ardderchog o Lyn Tegid, tref y Bala a'r Arennig yn y cefndir. Deuwn yn ôl i'r ffordd ac awn ymlaen tua Llangywer (neu Llangywair fel y mynnai'r diweddar Barch Euros Bowen ei sillafu). Pan gyrhaeddwn gyrion y pentref bychan, troi i'r chwith wrth y neuadd bentref a dilyn y ffordd, deuwn at gapel bach y Glyn. Yn y Tŷ Capel y trigai Sarah Roberts – gwraig a ddysgodd y Beibl i gyd ar ei chof. Bu farw yn 1917.

Mae'r ffordd sy'n gwyro i'r dde heibio i'r capel yn mynd i Gwm Rhydwen – cwm tawel gydag afon y Glyn yn llifo'n hamddenol drwyddo.

Dychwelwn at y ffordd tua'r pentref. Tai newydd yw llawer o'r tai sydd yma'n awr. Cyn croesi'r bont gwelwn adfeilion hen dafarn Ciwsi Jones ar y dde. Roedd Ciwsi yn fardd gwlad toreithiog. Awn dros y bont gromennog a gwelwn yr eglwys ar y dde. Mae'n werth ymweld â hi gan ei bod mor lân a thaclus. Sefydlwyd hi gan Santes Cywair. Yn crogi o'r to mae hen elor feirch. Gosodid dau geffyl, un ar bob pen i'r elor, a'i defnyddio i gario'r meirwon i'r fynwent pan nad oedd ffyrdd yn yr ardal. Efallai fod disgynyddion Rhirid Flaidd wedi cael eu cario arni dros y Berwyn i Bennant Melangell. Cedwid un o'r rhain ym mhob eglwys gynt. Ar y mur gwelir plât pres a arferai fod ar fedd Rowland Huw. Mae'r bedd wrth ochr ogleddol yr eglwys.

Yn y fynwent mae un o goed yw

hynaf Prydain. Pan oedd seiri meini yn trwsio wal y fynwent, ebe Eos Cynllwyd wrth fynd heibio iddynt:

Muriwch rhag ffoi o'r meirwon – y seiri,
Heb siarad â'r person,
Os o garchar daear y don'
Llamant fel hyrddod llymion.

Bydd y darlun yn fyw iawn i'r sawl sydd wedi gweld hyrddod yn cael eu gollwng o afael cneifiwr!

Bu'r Tad Edward Lloyd yn rheithor yma yn ystod yr ail ganrif ar bymtheg, a'i fab ef, Esgob William Lloyd (1637-1710) a oedd yn Esgob Llandaf a ddaeth yn arweinydd y *Non Jurors* wedi marw Esgob Sancroft. Damwain yn unig a'i cadwodd rhag cael ei garcharu yn y tŵr gyda'r Saith Esgob yn 1688. Roedd y *Non Jurors* yn gwrthod tyngu llw i'r brenin newydd, William y Trydydd, oherwydd fod Iago'r Ail yn fyw o hyd ar ffo yn Ffrainc. Pobl egwyddorol oeddent a chollodd llawer o'r esgobion a'r clerigwyr eu bywoliaethau o'r herwydd. Cyfieithodd y Tad Edward Lloyd lyfr i'r Gymraeg – *Meddyginiaeth a Chysur* (1722).

Yn y persondy dros y ffordd i'r eglwys y bu'r Parch Euros Bowen yn byw. Yma y cyfansoddodd doreth o'i farddoniaeth ac wrth wylio'r ewyn dan y bont, dychmygodd weld cerfluniau Michael Angelo yn ymffurfio:

Ymhen ysbaid
wedi cyrraedd adre,
a hithau'n eira ym mhob man,
daeth yr afon i'r golwg drachefn
o dan bont y plwy.

Ac yno mi welwn y delweddau'n
codi'n llewyrch o'r dŵr,
yn llun ieuenctid Dafydd
yn llawn Moses o dwf.
Mair wedyn yn ddiheneiddio
yn y llif,
a marwolaeth y Mab
yn fyw yn ei chôl.

Oddi yma hefyd y gwelodd Euros Bowen yr Arennig yn gwrthod bod yn fynydd yn y machlud ar draws y llyn, gan ymdebygu i beintiadau di-rif Cézanne o'i hoff fynydd, *Mont Sainte-Victoire*.

I fyny'r ffordd gul heibio i'r rheithordy mae hen ffermdy Tŷ Cerrig. Fe adnewyddwyd y ffermdy gan y Parc Cenedlaethol yn ddiweddar. Dyma gartref teulu Tom Ellis cyn iddynt symud i Gynlas.

Wedi gadael y pentref, mae lle parcio, byrddau picnic a thoiledau ar ochr dde'r ffordd. Mae llwybr yn croesi'r rheilffordd at y llyn hefyd.

Ar y llechwedd ar y chwith mae ffermdy Ffridd Gymen. Dyma gartref dau frawd a fu'n enwog ym mywyd cyhoeddus Cymru – Llew Tegid a 'Phenllyn'. Bu Llew Tegid yn arweinydd eisteddfodau ledled Cymru yn ogystal â bod yn fardd. Wele englyn o'i waith wrth fedd ei fab a laddwyd yn y Rhyfel Byd Cyntaf:

Gorwedd o dan glod gwron – yn naear
Anniwall yr estron;
Â galarus, fregus fron – minnau af
Oddi yma ciliaf, ond ni ddaw'm calon.

Roedd 'Penllyn' yn emynydd toreithiog hefyd. Gwelir dwsin o'i

Capel y Glyn, Llangywer

Eglwys Llangywer

emynau yn y *Caniedydd* ac fe ysgrifennodd gofiant i'w frawd.

Mae Llew Tegid yn sôn amdano'i hun yn is-athro yn Ysgol Frytanaidd y Bala yn chwedegau'r bedwaredd ganrif ar bymtheg: 'Daeth y clefyd coch i'r dref ac aeth â thua chant o blant yr ysgol ymaith mewn byr amser, dau a thri a phedwar o'r un teulu'.

Awn heibio ffermdy Ffynnon Gywer sydd uwchlaw'r ffordd ar y chwith. Roedd yr hen ffynnon islaw'r ffordd, rhwng y ffordd a'r llyn. Ni ellir ei chanfod yn awr ond yr oedd gynt yn enwog am wella'r llechau (*rickets*) ar blant. Oherwydd bod y ceidwad wedi anghofio rhoi'r caead arni, gorlifodd i greu Llyn Tegid.

Mae sawl chwedl am Lyn Tegid. Cyn ffurfio'r llyn, dolydd gwastad a phlasty Tegid Foel a'i wraig Ceridwen oedd yno. Roedd gan Tegid a Ceridwen fab hyll ofnadwy. Roedd mor hyll fel na châi ei wahodd i dai boneddigion y cylch. Penderfynodd Ceridwen roi doethineb y tu hwnt i bawb arall iddo, i wneud iawn am ei hylltra. Cymerodd ei phair mawr a chasglu enghreifftiau o bob planhigyn ac anifail a'u rhoi yn y pair. Cyflogodd Gwion Bach a Morda Ddall i wylio'r tân dan y pair ac roedd y cynnwys i gael ei ferwi am flwyddyn gyfan. Pan oedd y flwyddyn bron ar ben a'r cyfan wedi ei ferwi fel nad oedd ond tri diferyn ar ôl, aeth Gwion Bach i chwarae'n wirion o'i gwmpas. Taflodd y pair a thasgodd y tri diferyn poeth ar ei fys. Rhoddodd ei fys yn ei geg a llyncodd y diferion oedd yn cynnwys holl wybodaeth y byd. Roedd Ceridwen yn wallgof a dechreuodd redeg ar ôl Gwion Bach gan geisio'i ladd yn ei chynddaredd. Rhedodd

Gwion ymaith, ond roedd Ceridwen yn cael y gorau arno. Ebe Gwion wrtho'i hunan, 'O na fuaswn yn ysgyfarnog', a chan fod ganddo holl allu'r cread am ei fod wedi llyncu'r diferion hud, y funud nesaf roedd yn ysgyfarnog ac yn ymbellhau oddi wrth Ceridwen. Ond pan edrychodd dros ei ysgwydd, er ei fraw, roedd Ceridwen wedi troi yn filast ac yn cael y gorau arno. Aethant heibio nant fechan ac ebe Gwion Bach, 'O, na fuaswn yn bysgodyn'. Y funud nesaf roedd yn bysgodyn yn nofio'n braf yn nyfroedd y nant, ond pan edrychodd dros ei ysgwydd, roedd Ceridwen wedi troi yn ddyfrast gan gyflym agosáu at ei gynffon. Pan oedd y ddyfrast bron, bron â'i ddal, ebe Gwion Bach, 'O! na fuaswn yn aderyn yn hedfan yn uchel yn yr awyr las'. Y funud nesaf, roedd wedi troi'n aderyn. 'Rwy'n ddiogel nawr,' ebe Gwion, ond pan edrychodd uwch ei ben, yno'r oedd Ceridwen wedi troi'n farcud ac yn disgyn arno â chyflymder arswydus. Pan oedd bron â'i ddal fe welodd Gwion Bach domen o ŷd ar fuarth fferm. 'Pe bawn yn ronyn o ŷd, fedrai Ceridwen fyth fy narganfod ynghanol yr holl ronynnau eraill, ac mi fyddwn yn ddiogel o'r diwedd.' Y funud nesaf, roedd Gwion yn un o'r cannoedd gronynnau ŷd ac yn meddwl ei fod yn ddiogel o'r diwedd. Er ei fraw, wele Ceridwen wedi troi ei hunan yn glamp o iâr ac wrthi â'i holl egni yn bwyta'r ŷd. Bwytaodd y grawn i gyd gan gynnwys Gwion Bach.

Ymhen naw mis, ganed mab bychan i Ceridwen, a gwyddai mai Gwion Bach ydoedd. Yr oedd y baban mor dlws fel na allai hyd yn oed Ceridwen feddwl ei ladd. Yn hytrach, gwnaeth gawell iddo a mynd ag ef yn y cawell a'i ollwng i'r môr ger Abermo. Aeth y tonnau â'r cawell allan, ond cyn bo hir daeth i'r lan ger plasty tywysog yng Ngheredigion. Gwelodd y tywysog ef yn ei gored bysgod ac aeth ag ef i'w wraig. Oherwydd tlysni ei dalcen wen galwyd y plentyn Taliesin. Tyfodd y baban a phan oedd yn dair oed roedd yn ddoethach na phlentyn pymtheg. Pan oedd yn wyth oed roedd yn well bardd nag unrhyw fardd arall yn yr holl wlad. Tyfodd i fyny ac ef oedd y bardd enwog Taliesin a fu'n canu i dywysogion Rheged ac i'r llys yng Nghaerliwelydd.

Wedi gadael y llyn deuwn at ffordd serth sy'n codi i'r chwith tuag at ffermdy Llechwedd Ystrad. Bu'n gartref neu'n llys i ddisgynyddion Rhirid Flaidd. Canodd Madog Dwygraig farwnad i Ruffudd ap Madog:

Cymer di, Duw tri trugaredd, – atad
Lyw Llechwedd Ystrad i'th wlad a'th
wledd.

Bu Guto'r Glyn a Lewys Glyn Cothi yn canu marwnadau i'w or-ŵyr, Einion ap Gruffudd:

Y gerdd a wybu i gyd,
Eithafoedd cyfraith hefyd;
A'n athro; ban aeth i'r bedd
Yr aeth hanner iaith Wynedd.

Claddwyd yntau fel Powysddyn da ym Mhennant Melangell. Canodd Tudur Penllyn i fab Einion, Ieuan, yn gofyn am farch yn lle'r un a ddygwyd gan ladron:

Dyfod aradr o ladron
Dal march a roes Idwal Môn;

Ni ddaliwyd hwn heb ddolef
Diawl o ddyn a'i daliodd ef.

Deuwn i olwg ardal eang Llanuwchllyn yn awr, ac mae'n werth aros i edrych i'r dde dros y gwrych ar y pentref a'r dolydd o'i gwmpas gyda'r Arennig yn gefndir. Gwelir cymoedd y Parc a Phennantlliw a Pheniel yn ymagor i bob cyfeiriad a'r tŷ mawr gwyn, Neuadd Wen, yn amlwg yn y blaendir dros yr orsaf a'r afon.

Rhan o stad Wynnstay, stad Syr Watkin Williams-Wynn oedd yr ardal eang hon. Prynwyd hi gan gymdeithas o'r tenantiaid am £370,700 a'i hailwerthu i bob tenant. Bargen yn wir gan ei bod yn 69,000 acer o faint. 'Mae'r oll yn gysegredig,' chwedl O.M. Edwards.

Mae'r ffordd yn canghennu yma. Un gangen yn disgyn i'r pentref a'r llall yn codi ar y chwith i fyny Cwm Cynllwyd. Awn i fyny Cwm Cynllwyd.

Wedi teithio tua chwarter milltir a chyrraedd y gwastatir, gwelwn ffermdy Coed-y-pry islaw'r ffordd ar y dde. Dyma gartref Syr O.M. Edwards, cymwynaswr mawr llên, iaith ac addysg yng Nghymru. Ar ein cyfer dros y cwm mae Coed y Siambre Duon. Yn y coed roedd gan O.M. fwthyn bychan ble'r arferai ymneilltuo i gael llonydd i ysgrifennu. Yma hefyd, darganfuwyd bwyell efydd ardderchog. Ar yr un ochr i'r cwm, ychydig yn uwch i fyny, mae Plas yng Nghynllwyd ble bu Peter Price, mab Thomas Prys y môr-leidr o Blas Iolyn yn byw gyda'i wraig Mary, merch Rowland Vaughan, Caer-gai.

Ychydig gannoedd o lathenni draw mae Cae Rhys islaw'r ffordd. Dyma un arall o'r tai y treuliodd O.M. Edwards ei blentyndod ynddo.

Awn i lawr rhiw bychan a thros bont afon Fechan, ac i fyny'r rhiw yr ochr bellaf heibio i'r tŷ ble bu'r athro difraich athrylithgar yn byw am flynyddoedd. Wedi cyrraedd y gwastatir eto mae ffordd wledig yn arwain i'r chwith at ffermdy unig Bryn Melyn. Yma y magwyd y Parch J.R. Jones, Ramoth – gŵr athrylithgar a ddaeth yn un o fedyddwyr enwocaf Cymru. Bu'n gofalu am Eglwys Ramoth ger Llanfrothen gan ffermio'r Garreg Fawr. Roedd yn fardd, meddyg gwlad a chasglwr emynau. Ef oedd sefydlydd y Bedyddwyr Albanaidd yng Nghymru.

Pe bai gennym amser medrem deithio i fyny Cwm Cynllwyd i Fwlch y Groes, yna dilyn y ffordd oddi yno i Lanwddyn ac yn ôl i'r Bala drwy Hirnant a Rhosygwaliau (wele'r daith gyntaf).

Trown yn ôl tua Llanuwchllyn a throi i lawr tua'r pentref dros afon Twrch. Pont weddol ddiweddar yw hon. Gwelir olion yr hen bont ychydig yn is i lawr na'r lle parcio a phicnic sydd ar y dde. Ysgubwyd yr hen bont ymaith gan lif mawr 1781. Bu ond y dim i Sally Jones o'r Bala fynd gyda'r bont a'r llif. Doethineb ei merlyn a wrthododd groesi'r bont a'i hachubodd. Pe bai wedi mynd gyda'r llif a boddi ni fuasai Thomas Charles wedi dod i'r Bala i'w phriodi ac ni fuasai gennym 'Charles o'r Bala' nac Ysgolion Sul efallai, na hyd yn oed enwad y Methodistiaid!

Ar y chwith dros y ffordd mae adfeilion hen felin flawd Pen-y-geulan. Yn 1847, eiddo Edward Edwards a gadwai ysgol yn y capel pan ddaeth comisiynwyr y Llyfrau Gleision o gwmpas oedd y felin. Gofynnodd un o'r comisiynwyr i Edward Edwards pam y cadwai ysgol am y nesaf peth i ddim a gadael y felin yng ngofal gweision. Ei ateb oedd, *'I do love the children and I do love my country'*. Roedd yn frawd i Owen Edwards, Coed-y-pry, tad O.M. Edwards. Un tro, pan oedd O.M. Edwards yn mynd heibio i'r felin ar ei ffordd adref, gwelodd lond berfa o bapurau o flaen y felin. Roedd ei ewythr ar fin taflu'r cyfan i'r afon. Edrychodd O.M. drwyddynt ac yno gyda'r papurau roedd Llyfr Festri Llanuwchllyn. Roedd y tudalennau cyntaf ar goll. 'Ble mae'r dalennau coll, Dewyrth?' gofynnodd O.M.

'Mae siopwr yn y Llan wedi bod yn eu defnyddio i lapio baco,' oedd yr ateb! Ar y funud olaf fel hyn yr achubwyd y Llyfr Festri a'i drysorfa o hanes Llanuwchllyn! Gellir ei weld yn y Llyfrgell Genedlaethol heddiw.

Trown i'r dde tua'r orsaf. Ar y gornel lle mae'r ffordd yn fforchio i'r chwith mae Glynllifon, cartref teulu Richard Edwards a'i fab Antur Edwards. Rhoddodd y teulu hwn dyrbinau dŵr mewn ffermydd a phentrefi dros ogledd Cymru ac mewn llawer lle cawsant eu defnyddio i gynhyrchu trydan. Roedd trydan ar y stryd yn Llanuwchllyn mor gynnar â 1910.

Ymlaen heibio Glynllifon am ryw ganllath a deuwn at dŷ gwyn mawr ar y chwith. Dyma'r Neuadd Wen, y tŷ a adeiladodd Syr O.M. Edwards yn 1909. Galwodd ef yn Neuadd Wen yn wrthwyneb i *Whitehall* yn Llundain lle'r oedd ei swyddfa fel Prif Arolygydd Ysgolion Cymru. Yma y bu O.M. farw yn 1920 wedi iddo gyflawni gwaith

Syr O.M. Edwards

anhygoel dros Gymru ac fe fynnai fod y Gymraeg yn dod 'nôl i ysgolion ein gwlad.

Yma hefyd y bu Ifan ab Owen Edwards yn cynllunio blynyddoedd cynnar yr Urdd a'r gwersyll cyntaf ar gaeau'r Bwch yn Uchaf dros yr afon gyferbyn.

Deuwn yn ôl at y ffordd fawr a thrown i'r dde. Wedi teithio rhyw ganllath deuwn at borth Mynwent y Pandy. Mae'r adwy wedi ei chynllunio gan R.L. Gapper. Awn i mewn. Yn y pen pellaf mae colofn wen ag angel bychan arni. Dyma fedd Syr O.M. Edwards a Lady Edwards a thad a mam O.M. Ar fedd mab bychan O.M. a'i wraig y gosodwyd y golofn a'r angel gyntaf. Owen ab Owen oedd ei enw a bu ei golli yn bedair oed yn ergyd drom iawn i'r tad a'r fam.

Yn y fynwent hon hefyd y mae bedd Robert William 'Yr Hen Barch' – pregethwr, ffermwr a gweinidog. O adeilad hen gapel y Pandy y gwnaed y tai sydd â'u cefnau at y fynwent. Dyma'r capel y sonia O.M. amdano yn *Clych Atgof*. Roedd yr hen gapel hwn yn annwyl iawn gan O.M.

> Ynddo cafodd dynion ddysg pan nad oedd ysgol o fewn eu cyrraedd; ynddo cawsant ddiwylliant pan nad oedd cyfarfod llenyddol na phapur newydd o fewn y fro; cawsant barch i awdurdod a deddf pan nad oedd fawr yn y deddfau eu hunain i hawlio ufudd-dod iddynt.

Yno bu'n dysgu'r ABC ar lin Owen Williams a oedd wedi eu hysgrifennu ar ewinedd ei fysedd. Roedd Owen Williams yn smociwr trwm ac meddai O.M. 'Yr wyf yn clywed arogl tybaco ar yr ABC byth'. Mae bedd Owen Williams hefyd yng nghongl y fynwent.

Mae O.M. yn adrodd hanesion rhai cymeriadau doniol:

> Yr oedd cyfarfod gweddi mewn tŷ annedd o'r enw Pig y Swch, ac yr oedd un brawd, mewn gweddi hwyliog, wedi gyrru ar y diafol heb fesur. Ar ei ôl, galwyd ar grydd bychan bywiog o'r enw Niclas Wmffre. Ac ebe hwnnw:
> 'O, Arglwydd mawr, dyro ddoethineb i ni, trwy dy ras. Gwna ni'n ochelgar beth a ddywedom. A gwared ni rhag ymosod gormod ar y gelyn ddyn, rhag iddo fo'n cael ni eto, a deud, wrth ein fflangellu ni: "Ydech chi'n cofio, lads, fel yr oeddech chwi'n gyrru arna' i ym Mhig y Swch?" '

Gerllaw mae Tremaran, cartref cyntaf O.M. Edwards ac Elin yn Llanuwchllyn. Yma y ganed Ifan ab Owen Edwards.

Nid nepell i ffwrdd mae'r neuadd bentref a fu'n ysgol cyn adeiladu'r ysgol newydd yn y Llan. Yma bydd gweithgareddau diwylliannol bywiog yr ardal yn cael eu cynnal. Oddi mewn mae nifer o fur-gerfluniau diddorol o waith John Meirion Morris. Gŵr o Lanuwchllyn oedd yntau, a gŵr a ymddiddorai mewn cerflunio a'r diwylliant Celtaidd.

Gyferbyn â'r neuadd mae Pandy Mawr, tŷ ag iddo gysylltiad â J.R. Jones, un o benaethiaid Banc y Shanghai-Hong Kong. Gŵr diwylliedig ac ieithydd da iawn. Roedd yn awdurdod ar dafodieithoedd Tsieina.

Ar ei garreg fedd o lechfaen Cymru yn Hong Kong mae'r cwpled:

Gawraidd fab a garodd fyd
Ei foddau a'i gelfyddyd.

D.O.

Cyhoeddodd lyfrau ar ddiwylliant ac iaith yr Etrusciaid hefyd.

Awn ymlaen drwy'r pentref, heibio i'r tŷ gwyn ar y chwith, sef Garth Gwyn ble bu'r Parch a Mrs Gerallt Jones a'u meibion athrylithgar yn byw am un mlynedd ar ddeg. Dilynwyd hwy gan y Parch W.J. Edwards, gweinidog cyntaf Gofalaeth Bro Llanuwchllyn a cholofnydd cyson i'r *Cyfnod,* y papur lleol.

Ger Capel Glanaber ar y dde mae tŷ gyda charreg arno sy'n dangos lefel y dŵr pan fu llif mawr 1882 yn afon Dyfrdwy.

Wedi croesi'r bont dros afon Dyfrdwy mae eglwys y plwyf o'n blaenau ar y dde – Eglwys Deiniol Sant. Un o saint y gogledd oedd Deiniol ac efallai ei fod wedi dilyn yr hen ffordd Rufeinig o Gaer i Gaer-gai. Awn i mewn drwy'r porth a godwyd gan Rowland Vychan. Roedd y pyrth hyn yn bwysig iawn gynt gan mai yma y trosglwyddid y corff i ofal yr offeiriad. Mae'r enw Saesneg *lychgate* yn dweud y cyfan. Daw *lych* o hen air sy'n golygu 'corff'. Ceir yr un gair mewn Almaeneg modern sef *leiche* = corff. Yn yr eglwys mae delw orweddiog o un arall o ddisgynyddion Rhirid Flaidd. Ar ei wisg mae arfbais y teulu, sef tri phen blaidd. Gydag ymyl y cerflun ceir y geiriau hyn yn Lladin:

Yma y gorwedd Ieuan ap Gruffudd ap Madog ab Iorwerth,

boed i Dduw gymryd trugaredd ar ei enaid, A.D. 1395.

Mae cerflun tebyg i'w daid, Madog ab Iorwerth, yn eglwys Pennant Melangell. Aeth Madog ab Iorwerth i blygu glin i'r Tywysog Cymru cyntaf o Sais yng Nghaernarfon yn 1301. Cafodd diroedd yn Llanuwchllyn gan Edward y Cyntaf. Methai'r teulu hwn ag anghofio eu hen deyrngarwch i Bowys a'u gelyniaeth at Wynedd.

Bu un o ysgolion Gruffudd Jones yn yr eglwys hon hefyd. Cafodd Daniel Rowlands gryn wrthwynebiad pan geisiodd bregethu ynddi, ac 'ysgydwodd lwch Llanuwchllyn oddi ar ei esgidiau' wrth ymadael!

Ym mynwent yr eglwys mae bedd Ap Vychan a bedd Edward Edwards yr ysgolfeistr hefyd. Gyferbyn â drws bwyty'r *Eagles* mae bedd Capten Jeremiah Williams. Gelwid ef 'Capten' am mai ef oedd rheolwr gwaith aur Carndochan. Roedd yn ŵr galluog ac ysgrifennodd gyfrol lawysgrif am weithfeydd aur a mwynau eraill yng ngogledd Cymru. Bu farw yn 1868.

Awn ymlaen heibio i'r *Eagles,* neu'r *Regls* yn nhafodiaith yr ardal, a'r tŷ cyntaf ar y dde yw Hen Dŷ'r Ysgol. Yma y bu O.M. Edwards uniaith Gymraeg yn gwisgo'r *Welsh Not* am siarad yr unig iaith a wyddai. Heb ddioddef y sarhad hwnnw, tybed a fyddem wedi gweld holl lafur enfawr O.M. dros y Gymraeg? Codwyd yr ysgol yn 1841 gan Syr Watkin Williams-Wynn fel ysgol eglwys. Dyddiau anhapus iawn a dreuliodd O.M. yn yr hen ysgol hon:

Pan glywid plentyn yn dweud gair o Gymraeg, yr oeddys i ddweud wrth yr athraw, yna rhoddid y tocyn am wddf y siaradwr, ac yr oedd i fod am ei wddf hyd nes y clywai'r hwn a'i gwisgai rywun arall yn siarad Cymraeg, pryd y symudid ef at hwnnw druan. Ar ddiwedd yr ysgol yr oedd yr hwn fyddai yn ei wisgo i gael gwialenodiad ar draws ei law. Bob dydd byddai'r tocyn, fel pe yn ei bwysau ei hun, o bob cwr o'r ysgol, yn dod am fy ngwddf i . . .

Un bore yn yr wythnos gawn i yn yr Ysgol Sul, a chwe diwrnod o ysgol Saesneg. Fy mhrofiad yn awr ydyw – yr wyf yn ddyledus am bob peth i'r Ysgol Sul. I'r ysgol Saesneg, nes y daeth Cymro i'm dysgu yn Gymraeg, nid wyf yn ddyledus am ddim. Ond – fy stori!

Ar gyfer y drws mae 'Pwmp y Llan'. Codwyd hwnnw i goffáu geni aer Wynnstay. Yn y tŷ wrth y pwmp cadwai gŵr o'r enw Ellis Roberts siop yn hanner cyntaf y bedwaredd ganrif ar bymtheg. Ymfudodd ei fab a'i wraig i Utica yn 1817-18. Ganed iddynt fab, Ellis Henry Roberts (1827-1918). Daeth y mab hwnnw'n ddylanwadol iawn yn Utica gan ddod yn berchennog un o'r papurau newydd pwysicaf yno. Yn nechrau'r ugeinfed ganrif dringodd i fod yn drysorydd yr Unol Daleithiau. Parhaodd i siarad iaith ei rieni.

Ychydig ymhellach ar y dde mae'r fynedfa i Ysgol O.M. Edwards a agorwyd yn 1954. Pan ymddeolodd y prifathro yn 1976, ef oedd y *trydydd* prifathro i ymddeol yn Llanuwchllyn ers 1890!

Gyferbyn â mynedfa'r ysgol mae safle Cymdeithas Meirion – un o anturiaethau cydweithredol amaethwyr Meirionnydd sy'n cyflenwi anghenion amaethyddol cylch eang.

Ar y gornel, ble mae'r ffordd yn ymuno â'r A494, mae'r Gilfach Goffa ble ceir cerfluniau o Syr O.M. Edwards a'i fab Syr Ifan ab Owen Edwards. Gwnaed y cerfluniau gan y cerflunydd Jonah Jones. Yn y cefndir, mae Cymry ieuainc yn trin coeden ein diwylliant.

Rhyw ganllath ar hyd yr A494 mae'r Fynwent Newydd. Ynddi gwelir bedd Syr Ifan a Lady Edwards. Yma hefyd y mae bedd D.J. Williams. Ysbrydolwyd y giât gan emyn William Williams ac fe'i cynlluniwyd gan Ifor Owen.

Ffydd, dacw'r fan, a dacw'r pren,
Yr hoeliwyd arno D'wysog nen,
 Yn wirion yn fy lle:
Y ddraig a sigwyd gan yr Un,
Cans clwyfwyd dau, concwerodd un,
 A Iesu oedd Efe.

William Williams

Yma hefyd mae bedd Dan Thomas a Thomas Jones. Roedd Thomas Jones yn ffigwr allweddol pan brynwyd stad Glan-llyn ac ef oedd arweinydd Côr Godre'r Aran am flynyddoedd.

Awn ymlaen dros bont afon Lliw. Wedi croesi'r bont, pe baem yn edrych dros y caeau i'r chwith, byddem yn cael cip ar Hen Gapel Llanuwchllyn. Cawn sôn amdano eto. Awn heibio i'r ffordd sy'n arwain am Drawsfynydd a chyn hir ar y chwith, led cae o'r ffordd, gwelir y Weirglodd Wen. Yma yr ymneilltuodd y Parch Michael Jones wedi'r ffrae fawr ymysg Annibynwyr Llanuwchllyn. Trowyd Michael Jones o dŷ'r Hen Gapel a daeth i'r Weirglodd

Y Gilfach Goffa, Llanuwchllyn

Llanuwchllyn

Wen. Yma y sefydlodd Athrofa'r Annibynwyr. Oddi yma y trowyd Mary Jones, mam Michael D. Jones, allan o'i chartref am fod ei mab yn ŵr mor radical. Bu'r Weirglodd Wen yn rheithordy wedi hynny ac yma y bu'r Parch William Hughes, ficer Llanuwchllyn, yn byw o 1880 hyd ei farw yn 1920. Ysgrifennodd lawer o lyfrau – *Life of Dean Cotton 1874, Life and Letters of Thomas Charles of Bala 1881, Life and Times of Bishop William Morgan 1891, Recollections of Bangor Cathedral 1904, History of the Church of the Cymry 1894, History of the Diocese of Bangor 1911* ac eraill.

Priododd ei ferch â'r athro Fynes-Clinton, arbenigwr ar dafodiaith cylch Bangor.

Y lle nesaf ar y bryn ar y chwith yw Caer-gai. Dyma safle hen gaer Rufeinig a gellir gweld llawer o nodweddion yr hen gaer o hyd. Yma y trigai Tudur Penllyn (c.1420-1485). Roedd Tudur yn fardd, yn borthmon ac yn gefnogwr brwd dros achos Harri Tudur. Pan oedd brenin o deulu Iorc ar yr orsedd, roedd gofyn i gefnogwyr Lancastr swatio rhag cael eu carcharu neu hyd yn oed gael eu dienyddio. Roedd cefnogwr brwd i'r rhosyn coch yn cuddio yng Ngharreg Gwalch, Dyffryn Conwy, sef Dafydd ap Siencyn. Deuai i Gaer-gai weithiau ac fe ofnai Tudur Penllyn am ei ddiogelwch:

Dy gastell ydyw'r gelli
Derw dôl yw dy dyrau di.

Gwylia'r trefydd, cynnydd call
A'r tyrau o'r tu arall.

Da yw ffin a thref dinas
Gorau yw'r glyn a'r graig las.

Adeiladodd un arall o gefnogwyr Harri dŷ ger y môr yn Abermo gyda'i seler yn y dŵr. Medrai cefnogwyr Harri deithio'n slei bach o'r seler gan ymuno â llong fwy dros y bar. Byddai ei ysbïwyr yn teithio ato i Lydaw i baratoi iddo ddod 'nôl i Gymru i hawlio'r Goron.

Canodd Tudur Penllyn gywydd i'r Tŷ Gwyn yn Abermo:

Pwy a wnaeth ond ein pen iau
Tŷ a'i hanner mewn tonnau
A'i wregys o fôr eigiawn.

Yno y daw'n arglwydd llawen,
Yno'r aeth o Wynedd Wen.

Bu Caer-gai yn gyrchfan i feirdd yn amser Owain ap Sion ac eraill o'r teulu. Canodd William Llŷn, Owain Gwynedd, William Cynwal a Sion Tudur yno a bu William Llŷn ac Owain Gwynedd yn ymryson am ffafrau Caer-gai.

Yng nghyfnod rhyfel cartref arall, Caer-gai oedd cartref Rowland Vychan (1590-1667) y Brenhinwr pybyr a oedd hefyd yn fardd a chyfieithydd. Llosgwyd Caer-gai gan filwyr y Senedd. Ymhen amser, cododd Rowland Vychan dŷ newydd a hwnnw yw'r tŷ presennol. Uwch y drws cerfiodd y geiriau:

Rho glod i bawb yn ddibrin,
A châr dy frawd cyffredin.
Ofna Dduw, cans hyn sy dda,
Ac anrhydedda'r Brenin.

Diedifar hyd y diwedd! Ef a gyfieithodd *Yr Ymarfer o Dduwioldeb* i'r Gymraeg yn ogystal â llyfrau duwiol eraill. Cyfieithodd yr emyn poblogaidd hwn o'r Lladin hefyd:

Tyrd Ysbryd Glân i'n c'lonnau ni,
A dod d'oleuni nefol;
Tydi wyt Ysbryd Crist; dy ddawn
Sy fawr iawn a rhagorol.

Yn ei ragymadrodd i'r *Ymarfer o Dduwioldeb* mae ganddo 'Salm' i Ewyllys Da:

O blegid pa beth a dery mor ffyrnig na eill ewyllys da ei dderbyn, pa beth sydd cyn anhawsed nas gwna ewyllys da ef yn hawdd? pa beth sydd gyfuwch na chyrraedd ewyllys da ef? Ewyllys da yw cariad, gwirionedd, awdur yr holl gelfyddydau, agoriad pob trysor, medd Demosthenes. I ddiweddu, nid oes dim cyfuwch yn y nef uwch ben, na dim cyn ised yngwaelod y ddaiar, nid oes dim mor guddiedig yn nirgelwch natur, ar nas geill ewyllys da, ei amgylchu, ei agori, ei ddeongli, ai ddatcuddio.

Gadawodd John Vaughan, mab Rowland Vaughan, gerdd yn nodi diddordebau uchelwyr Penllyn yn yr ail ganrif ar bymtheg:

At hyddod y tueddwn
Draw'n eu cylch i dreio'n cŵn.
Cawn fenswn, cawn fwy ansawdd
a bir a gwin heb awr gawdd,
ac odlau a theg adlais
bytheiaid, lawenblaid lais,
a hela gwalch, hwylaw gamp
a hel pysg hwyl hapusgamp,
a bowliaw gerllaw i'r llyn,
llawen oll yn Llaniwllyn,
ac englyn gan delyn deg,
gwych einioes, ac ychwaneg.

Rhyw ganllath neu ddau ymhellach gwelir pentref bychan y Lôn ar y chwith. Roedd gefail i bedoli gwartheg yno gynt ac yn yr efail y prentisiwyd ap Vychan yn of. Codwyd y rhes dai newydd gan yr Is-gomisiwn Tir Cymreig ar gyfer gweithwyr a chrefftwyr stad Glan-llyn.

Ymlaen eto ac ar y dde gwelwn Wersyll yr Urdd Glan-llyn lle mae miloedd o ieuenctid Cymru wedi treulio oriau hapus. Hen blasty hela Syr Watkin Williams-Wynn oedd y tŷ yn wreiddiol.

Wedi teithio rhyw ddwy filltir gyda glan Llyn Tegid deuwn at Eglwys Sant Beuno, Llanycil. Hon yw eglwys blwyf y Bala. Yma ym mis Awst 1783 y priodwyd Thomas Charles a Sally Jones. Y briodas hon a'i cadwodd yn y Bala gan na fynnai Sally ar unrhyw gyfrif adael y dref. Mae ei fedd yn ŷ fynwent, yn ogystal â bedd llawer gŵr enwog arall megis Lewis Edwards, Ellis Edwards, Gabriel Davies a Bob Tai'r Felin.

Dyma englyn a welir ar garreg fedd rhyw heliwr. Yr awdur yw Sion Dafydd Las, bardd meddw'r Nannau a brodor o Lanuwchllyn:

Rhowch garreg deg a deugi – a llwynog,
    A lluniwch lun dyfrgi,
    A gafaelgar deg filgi,
    A charw hardd ar ei chwr hi.

Yma hefyd mae un o englynion gorau'r iaith o waith Tegidon. Claddwyd y mab o flaen ei dad ond fe'i dilynwyd yn fuan ganddo yntau:

> Yr eiddilaf ir ddeilen – a syrthiai
> Yn swrth i'r ddaearen;
> Yna y gwynt, hyrddwynt hen,
> Ergydiai ar y goeden.

Awn ymlaen heibio i'r caffi bach. Yng nghanol y tai newydd ar y chwith mae Ffynnon Beuno. Roedd yr hen ffynhonnau hyn yn cael eu haddoli gan yr hen Geltiaid. Yn lle gwahardd eu haddoli roedd y Cristnogion cynnar yn ddigon hirben i'w cadw gan roddi gwedd Gristnogol i'r addoliad a'u priodoli i'r saint. Gwnaethant hyn â sawl agwedd ar yr hen grefyddau paganaidd, a hynny ddigwyddodd efallai yn hanes Cernunnos a Derfel, Brigida a Ffraid, Brân a Bendigeidfran.

Ar y llechwedd uwchben y stad dai mae'r Fron Dderw, cartref y Parch Evan Lloyd (1734-76), cyfansoddwr dychangerddi ffraeth a chyfaill John Wilkes a Garrick. Carcharwyd ef unwaith am athrodi un o Breisiaid y Rhiwlas gyda'i gerdd ddychan, '*The Methodist*'. Roedd yn gyfeillgar â Rhys Jones o'r Blaenau, Llanfachreth. Mynychai'r clwb a sefydlodd Rhys Jones ac eraill yn nhafarn Drws y Nant (tafarn Hywel Dda heddiw), sef Clwb y Lloeredigion. Fe'i claddwyd yntau yn Llanycil. Yn un o'i lythyrau, mae brawddeg sy'n dangos pa mor ddibynnol oedd pobl yr oes honno ar ewyllys da y porthmyn:

> *I shall endeavour to find some Welch drover to bring some of Dr Hill's medicine for Brother's use.*

A dyma ni'n ôl yn y Bala drachefn.

Y Parc, Pennantlliw a Phenaran

Awn allan o'r Bala ar hyd yr A494 i gyfeiriad Llyn Tegid. Cyn cyrraedd y llyn mae adeilad mawr y Ganolfan Hamdden ar y chwith. Wedi cyrraedd Llanycil awn i fyny'r rhiw ar y dde, heibio i'r Bragdy. Y plasty bychan hwn a roddodd ei enw i'r ymrysonfeydd pêl-droed a gynhelir ym Mhenllyn rhwng y gwahanol ardaloedd, sef Chwaraeon Cwpan y Bragdy. Rhoddwyd y gwpan yn wreiddiol gan Major Rigg i godi arian i gael ysbyty yn y Bala. Ni ddaeth dim o'r syniad hwnnw, ond chwaraeir y gêmau hyd heddiw.

Wedi dringo heibio i'r tŷ a arferai fod yn Gapel Moelygarnedd, gwelir golygfeydd eang iawn o'r Aran a'r Berwyn ar y chwith ac o'r Arennig a Waun y Bala ar y dde. Rhyw led cae o'r ffordd, yn llochesu yng nghysgod bryn bychan, mae Cefnbodig – cartref uchelwyr gynt. Yma y trigai Janet, gwraig Edmwnd Meyrick, Ucheldre ger Corwen, a mam Edward Meyrick a waddolodd Ysgol Tŷ Tan Domen y Bala yn 1712. Roedd y tad yn ffafrio'r Senedd yn y Rhyfel Cartref, ac mewn cerdd ddoniol mae Rowland Vychan, Caer-gai, y Brenhinwr, yn anfon y gath o amgylch Sir Feirionnydd ac yn ei chynghori ym mha le y câi groeso a pha le i'w ochel:

Ti a wyddost nid raid unon
Pa farf a lyfi yn dirion
Ti fedri ochel y farf fawr *(sef Meyrick)*
Su yn tario yn llawr Ydernion.

Disgynnwn yn ofalus i lawr tuag at y Parc, heibio Cyffdy ar y dde – canolbwynt hen dref a chartref Cecil, gŵr Nansi Richards, Telynores Maldwyn. Bu Nansi yn byw yn y Parc am gyfnod. Enwir tref Cyffdy (neu *Kiftu* fel y sillafai'r clerc o Sais ef) yn rhestr Treth y Pymthegfed 1292-3, gyda phedwar ar bymtheg o drethdalwyr yno. Yn eu mysg roedd un a alwai ei hun yn David Sant!

Bugail bach Cwm Tylo
Â throwsus melfaréd,
Menig am ei ddwylo
Plu gweunydd yn ei het.

Mwstás fel twmpath eithin
A gwallt fel gwrych o ddrain,
Cyn bod i ti yn perthyn
Mi briodwn Fwgan Brain.

Dyna eiriau Nansi â'i thafod yn ei boch!

Roedd Berti, brawd Cecil, yn un o arloeswyr y beic modur ym Mhenllyn!

Ar fin y ffordd ar y dde mae bwthyn Llwyn Hir, cartref Diana Armfield R.A., R.W.S., yr arlunydd enwog.

Mae ardal y Parc yn enwog am ei chyfraniad i Gerdd Dant ac mae'r traddodiad godidog a gychwynnwyd gan Mr a Mrs H.W. Pugh, Castell Hen yn parhau'n fyw o hyd.

Croeswn y bont gul gefngrom dros afon Llafar a mynd at yr ysgol sydd ar y dde. Ar fur yr ysgol gwelir carreg sy'n nodi mai yn y Parc y sefydlwyd Merched y Wawr yn 1967 gan Lona Puw, Sulwen Davies a Sonia Bowen.

Yn un o'r tai cerrig ar gyfer yr ysgol y ganed y Parch Trebor Roberts, awdur yr englyn enwog i Las y Dorlan:

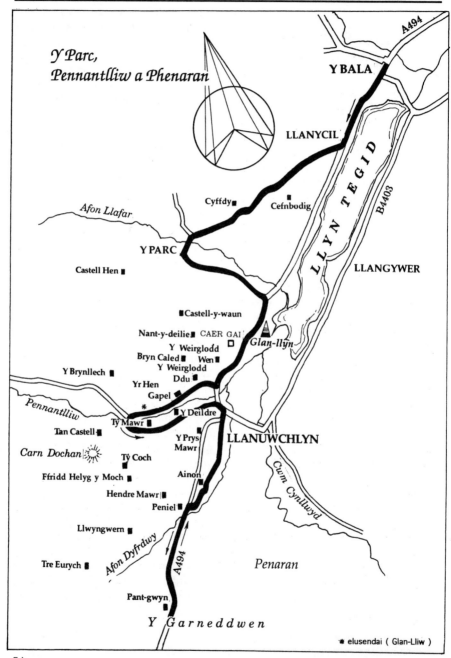

Y Parc,
Pennantlliw a Phenaran

YBALA

A494

LLANYCIL

Cyffdy

Cefnbodig

LLYN TEGID

B4403

Afon Llafar

Y PARC

LLANGYWER

Castell Hen

Castell-y-waun

Nant-y-deilie   CAER GAI

Glan-llyn

Y Weirglodd

Bryn Caled   Wen

Y Weirglodd

Y Brynllech   Ddu

Yr Hen
Gapel

Pennantlliw   Ty Mawr

Y Deildre

Tan Castell   LLANUWCHLYN

Y Prys
Mawr

Carn Dochan   Ty Coch

Cwm Cynllwyd

Ffridd Helyg y Moch   Ainon

Hendre Mawr

Peniel

Llwyngwern

Afon Dyfrdwy   A494   Penaran

Tre Eurych

Pant-gwyn

Y Garneddwen

* elusendai (Glan-Lliw)

Llanuwchllyn

Y Parc

Rhyfeddais, sefais yn syn – i'w wylio
Rhwng yr helyg melyn,
Yna'r lliw yn croesi'r llyn, –
Oedais, ond ni ddaeth wedyn.

Dyma 'Gŵyn yr Hen Weinidog', englyn arall o'i eiddo a chŵyn llawer gweinidog heddiw mae'n siŵr:

Annedwydd fy niadell – hi a gâr
Hen gyrrau anghysbell;
Mynnu bwyta'r borfa bell,
Mynnu'r comin er cymell.

Dringwn y rhiw serth o'r pentref heibio tŷ'r gweinidog a thŷ Trefor Edwards – un arall o ddatgeiniaid crefftus Cerdd Dant a bardd da hefyd.

Trown i'r dde ar ben y rhiw a deuwn at olygfa werth chweil unwaith eto o'r Aran a'r Berwyn ac ardal Llangywer dros y llyn.

Ar y llechwedd ar y dde mae Ty'n Llechwedd, fferm a etifeddodd O.M. Edwards pan oedd yn fyfyriwr yn Aberystwyth yn 1883. Tybed a'i derbyn hon a ysgogodd ynddo yr awydd i brynu ffermydd yn ddiweddarach? Yn ystod ei oes daeth yn berchennog ar gryn ddwsin o ffermydd ym Mhenllyn a Mawddwy.

Wedi dychwelyd i'r A494, trown i'r dde heibio Gwersyll Glan-llyn a phentrefi bychan y Lôn, Caer-gai a'r Weirglodd Wen. Pan ddeuwn at arwydd Trawsfynydd, trown i'r dde i fyny ffordd Pennantlliw. Dyma ddyffryn prydferth afon Lliw a thir a fu ym meddiant Llywelyn ap Gruffudd. Dioddefodd yn ddychrynllyd wedi rhyfel 1282.

Deuwn at gornel. Pe baem yn mynd yn syth yn ein blaenau ar droed ar hyd ffordd gaeadfrig, byddem yn dod at

Gastell-y-waun – cartref John Castell Evans. Cemegydd ac athro yng ngholegau Llundain oedd John Castell Evans ac fe ysgrifennodd lyfr pwysig iawn ar *Physio-Chemical Tables* a *New Course in Experimental Chemistry*. Roedd ganddo ddiddordeb mawr mewn llên gwerin hefyd a chasglodd rai o straeon gwerin Llanuwchllyn. Bu farw yn 1909.

Wedi troi'r gornel deuwn at ffermdy y Weirglodd Ddu ar fin y ffordd ar y dde. Yma y bu Owen Jones (1833-99) yn byw. Roedd y gŵr hwn yn gasglwr llyfrau ac yn 1889 cyhoeddodd argraffiad newydd o *Lyfr y Tri Aderyn* gan Morgan Llwyd o Wynedd. Daeth ei lyfrgell Gymraeg eang yn rhan o'r Llyfrgell Genedlaethol yn ddiweddarach.

Ymhen ychydig lathenni cyrhaeddwn ffordd wledig sy'n arwain i'r dde i fyny'r llethr at ffermdy Nant-y-deilie. Cafodd Hywel Harris ymgeledd yma wedi i bobl y Bala ei ddarn-ladd yn niwedd mis Ionawr 1741. Rhoddodd Edward Stephen, Nant-y-deilie ddarn o dir i godi'r Hen Gapel arno yn 1745. Roedd yn anodd iawn cael tir i godi capeli Ymneilltuol gan mai tirfeddianwyr o Eglwyswyr oedd y perchenogion, ac roeddent yn wrthwynebus iawn i Ymneilltuwyr o bob enwad. Bu ysgol Gruffudd Jones yn Nant-y-deilie hefyd.

Awn ymlaen at yr Hen Gapel sydd ar fin y ffordd ar y dde. Fel y dywedwyd eisoes, codwyd y capel cyntaf gan yr Annibynwyr yn 1745 er mai *'Protestant Disenters called Presbyterians'* sydd ar drwydded 1746. Roedd y capel gwreiddiol yn cydredeg â'r tŷ ac wedi ei wneud o'r un defnydd. Mae darlun

Y Parc

Yr Hen Gapel, Llanuwchllyn

ohono yn *Hanes Cynulleidfa Hen Gapel Llanuwchllyn* gan R.T. Jenkins. Mae hanes pwysig iawn i'r capel hwn ond nid oes lle yma i ymhelaethu, dim ond nodi mai yn Llanuwchllyn yr ailgyneuwyd Annibyniaeth Sir Feirionnydd.

Yn y Tŷ Capel y ganed y Parch Michael D. Jones, y Cenedlaetholwr Radicalaidd. Mae ei garreg fedd ef a'i dad yn y fynwent gerllaw. Yma hefyd y claddwyd mam D.R. Daniel. Bu amryw o weinidogion enwog yma yn eu tro megis Abraham Tibbott (1783-1792), George Lewis (1794-1811), Michael Jones (y tad, 1814-1843), Gerallt Jones a W.J. Edwards.

Bu gweinidogion yr Hen Gapel yn cynnal ysgol ddyddiol yn y capel, ysgol Dr Williams a symudodd yno o'r Prys Bach dros y dyffryn.

Mae'r ffordd nesaf ar y dde yn arwain at Bryn Caled ble bu'r bardd Gwyndaf Davies (Gwyndaf) yn byw:

Cael marw cyn marw 'mhen – a hoffwn
Cyn diffodd yr awen,
A hedeg ar fy aden
I hedd a hoen nefoedd wen.

Y Bwlch Cyfyng, balch cofio – y daw un
Â'i law dyner yno
I'm gwared gyfynged fo,
I'w fynwes af ohono.

Â'r ffordd yn ei blaen heibio Bryn Caled tuag at y Brynllech, cartref Henry Parry (1766-1854), clerigwr a hynafiaethydd a ficer Llanasa, Sir y Fflint. Cyhoeddodd ailargraffiad o Ramadeg Dr John Davies, Mallwyd yn 1809. Roedd John Parry yn eisteddfodwr brwdfrydig hefyd.

Mae sôn am noson lawen yn y Brynllech gyda thair telyn ar ddeg yno!

Toc, byddwn yn mynd heibio hen elusendai ar y chwith. Rhodd Maurice Vaughan, Canon Windsor yn 1721 i lochesu *'three decayed old men and three old women'* oeddent.

Wedi gadael yr elusendai o'n hôl gwelwn graig anferth Carn Dochan o'n blaenau. Ar ei chopa mae olion castell a godwyd gan Llywelyn Fawr i amddiffyn y llwybr tua Gwynedd rhag gwŷr Powys. Yn ddiweddarach, cipiodd Llywelyn Benllyn oddi ar Bowys.

Ar odre'r graig mae olion gwaith aur a fu'n cynhyrchu aur o ganol y ganrif ddiwethaf hyd oddeutu 1910. Un o'i gyfarwyddwyr ar un cyfnod oedd y Crynwr John Bright ac wrth gwrs, Jeremiah Williams yn rheolwr. Daeth y gwaith i ben wedi i'r wythïen aur gael ei cholli.

Wrth droed craig Carn Dochan mae Tŷ Coch, ble bu Ap Vychan a'i deulu yn byw mewn tlodi mawr heb wybod bod aur wrth dalcen y tŷ! Yno hefyd mae Tan Castell, tŷ arall y bu Ap Vychan yn byw ynddo. Bu Evan Evans, bardd gwlad da yn byw yn Nhŷ Coch hefyd.

Pe baem yn dilyn y ffordd, deuem ymhen ychydig filltiroedd i ardal Trawsfynydd, ond fe drown dros y bont dros afon Lliw. O'n blaenau mae rhes o dai modern a godwyd gan yr Is-gomisiwn Tir Cymreig i goedwigwyr stad Glan-llyn. Adnewyddodd yr Is-gomisiwn nifer o ffermydd yr ardal hon adeg Gŵyl Prydain 1951.

Enw'r rhes dai o'n blaenau yw Ffridd Helyg y Moch. Rhoddwyd yr enw hwn arnynt i goffáu'r rhandir o'r ardal hon a

Carndochan

oedd yn eiddo i Abaty Cymer ger Llanelltud. Bu cyfreithio mawr rhwng Dr Ellis Prys (y Doctor Coch) ac awdurdodau'r Eglwys ynglŷn â pherchenogaeth y tir hwn. Dywedir i'r hen ddoctor, yn ei wanc am y tir, fynd mor bell â thaeru mai enw iawn Llanuwchllyn oedd Llaniolyn. Plas Iolyn oedd cartref ei deulu ef yn Uwchaled!

Trown i'r chwith a dilyn y ffordd yr ochr arall i'r dyffryn yn ardal Pennantlliw Bach, heibio i'r Tŷ Mawr, cartref y gweinidog Ellis T. Davies (1822-1895) a fu'n gweinidogaethu yn Abergele am dymor maith iawn. Roedd yn llenor ac yn gyfaill i Hiraethog a Sgorpion.

Deuwn at y Deildre. Roedd bardd o'r enw Sionyn Deildre yn byw yma. Dyma ei englyn i Arch Noa:

Noddfa uwch porthladd newyddfyd –
a'i sail
Ar gŵys ola'r cynfyd,
Dros elfen, drws i eilfyd,
Croth lwythog, beichiog o'r byd.

Yn y Deildref Uchaf bu Cadwaladr Jones (1783-1867) 'Yr Hen Olygydd' yn byw. Bu'n golygu'r *Dysgedydd* o 1821 hyd 1852.

Wrth gyrraedd yn ôl at yr A494, edrychwn i fyny'r caeau sydd ar yr ochr dde a gwelwn ffermdy ar gwr coedlan. Dyma'r Prys Mawr, cartref Elin, priod O.M. Edwards. Yma hefyd y treuliodd Rhisiart Philips (un o Philipiaid Ardudwy) ei hwyrddydd. Roedd yn fardd toreithiog a chanodd gant a phump o awdlau a hanner cant o englynion. Bu farw yn 1641. Dyma ei englyn i'w hen gartref yn Ardudwy, Hendre Waelod:

Plennais, a gwisgais dew gysgod –
o'th gylch,
Wedi'th gael yn barod;
Wele, yr Hendre Waelod
Fyddi di, a fi heb fod.

Bu Capten John Edwards, capten ym myddin Elizabeth y Cyntaf yn byw yma hefyd.

Yn uwch i fyny mae'r Prys Bach ble sefydlwyd ysgol Dr Daniel Williams yn Llanuwchllyn. Ysgol gymysg oedd hon a deuai plant iddi o bell. Mae'r Prys Bach yn adfeilion bellach. Yn ddiweddarach, sefydlwyd yr ysgol fel ysgol i ferched yn Nolgellau. Mae Coleg Meirion-Dwyfor ar y safle yn awr.

Wedi cyrraedd yr A494 trown i'r dde a pharhau ar hyd y ffordd heibio i'r modurdy tua Dolgellau.

Rydym yn awr yng ngwaelod Penaran, neu Gwm Peniel fel y'i gelwir erbyn heddiw. Roedd yr ardal hon ymysg yr ardaloedd mwyaf poblog ym Meirionnydd gynt. Yn ôl rhestr y rhai a dalai Dreth y Pymthegfed 1292-3, roedd 74 penteulu yn talu treth yn yr ardal. Enw un ohonynt oedd Einion Offeiriad. Tybed ai hwn oedd yr Einion Offeiriad a roddodd drefn ar Gerdd Dafod? Ysywaeth, ni ellir profi hyn bellach.

Ym mhen draw y darn o ffordd union mae eglwys y Bedyddwyr, Ainon. Arferid bedyddio drwy drochiad yn afon Dyfrdwy gerllaw. Dros y ffordd ar gyfer y capel mae Tyddyn y Felin. Dyma gartref Ellis Roberts, taid Ellis H. Roberts a ddaeth yn drysorydd yr Unol Daleithiau ar ddechrau'r ganrif hon.

I'r chwith fe welir yr Aran fawreddog y dywedai O.M. Edwards y medrai ei

Gwesty Hywel Dda, Rhyd y Main

haddoli pe bai'n bagan!

Wrth droed yr Aran mae Cilgellan ble bu Rowland Vychan yn llochesu wedi i Gaer-gai gael ei losgi gan wŷr y Senedd.

Awn heibio Capel Peniel ar fin y ffordd ar y dde. Yma roedd yr hen ffordd Rufeinig o Gaer-gai i'r Brithdir yn croesi afon Dyfrdwy. I fyny ger y goedlan ar y chwith mae olion hen gaer ymarfer Rufeinig.

Pe dilynem y ffordd i'r chwith o'r capel byddem yn dod at Hendre Mawr, cartref R.J. Edwards neu Robin Jac y Fellten Goch, gŵr a ddaeth i amlygrwydd mawr fel marchogwr beic modur ar Ynys Manaw.

Â'r ffordd ymlaen heibio Hendre Mawr tua Llwyn Gwern. Fe welir Llwyn Gwern ar y llechwedd ar y dde. Yma y trigai Ellis Lewis (c.1640-61), gŵr bonheddig a chyfieithydd. Cyfieithodd yr *Ystoriaethau Drexelius ar Dragwyddoldeb* i'r Gymraeg.

Cysylltir hen chwedl â Llwyn Gwern hefyd; hen chwedl onomastig i geisio egluro enw Bwlch y Pawl. Bwlch ar fynydd y Berwyn yw Bwlch y Pawl. Yn ôl y chwedl, roedd gan yswain Llwyn Gwern ferch. Hi oedd ei aeres. Bwriadai gael gŵr iddi o blith boneddigion y cylch, ond syrthiodd yr aeres mewn cariad â bugail tlawd. Er holl ymbil a bygythiadau ei thad ni roddai ei chariad heibio. Cynllwyniodd ei thad ddull i gael gwared â'r bugail. Gwahoddodd ef i Lwyn Gwern a dywedodd wrtho y câi briodi ei ferch pe addawai wneud rhyw gamp ar ddydd a bennai'r yswain. Cytunodd y bugail ar unwaith. Un noson oer ym mis Ionawr a'r rhewynt yn chwipio'r wlad, gorchmynnodd yr yswain y bugail i fynd i fwlch ar y Berwyn a diosg ei ddillad, gan dreulio'r noson ar ei hyd yn noethlymun. Cytunodd y bugail ar unwaith. Roedd yr yswain wrth ei fodd gan y credai y rhewai'r bugail i farwolaeth. Eithr dygodd y bugail ordd a phawl (polyn) gydag ef. Diosgodd ei ddillad a threuliodd y noson yn curo'r pawl i'r ddaear gyda'r ordd, a thrwy hynny gadw'n gynnes. Roedd cannwyll a osododd yr aeres yn ei ffenest yn symbyliad iddo ac yn arwydd o'i chariad.

Drannoeth aeth y bugail i Lwyn Gwern i nôl ei gariad, ac ni allai'r yswain dorri ei air. Priodwyd hwy a buont fyw yn hapus gydol eu hoes. Byth wedyn, ac er cof am wrhydri'r bugail, galwyd y bwlch yn Fwlch y Pawl.

Ychydig yn uwch eto ar lethr Moel y Caws, ar yr un ochr i'r ffordd â Llwyn Gwern, ceir olion hen bentref o'r cyfnod Celtaidd – Tre Eurych. Mae olion bythynnod o wahanol gyfnodau yma: cytiau crynion, tai platfform a bythynnod amgaeëdig. Tybed a fu i rai o'r tlysau aur hardd a luniai'r Celtiaid gael eu saernïo yma?

Yr ydym yn awr wedi cyrraedd man uchaf ffordd yr A494, sef pen rhediad y dŵr. Fe ddywedir bod dŵr un ochr i do tŷ Pant Gwyn gerllaw yn llifo i afon Wnion ac i'r môr ger Abermo, a dŵr yr ochr arall yn llifo i afon Dyfrdwy ac i'r môr ym mae Lerpwl.

Yma ym Mhant Gwyn y bu Tom Jones a'i deulu yn ffermio am flynyddoedd. Yn ddiweddarach, symudodd i'r pentref i fyw yng Ngodre'r Aran.

Yma gynt yr oedd y ffin rhwng Ardudwy a Phenllyn.

Wel, mae'n hen bryd inni droi'n ôl a dychwelyd i'r Bala am baned!

Edeirnion, Llangwm a Chwm Tirmynach

Mae'r daith hon yn un weddol hir o ran milltiroedd. Awn allan o'r Bala ar hyd yr A494 tua Chorwen. Byddwn yn gadael Llanfor ar y chwith gan deithio ymlaen am ryw dri chwarter milltir nes cyrraedd y man ble mae'r B4401 yn gwyro i'r dde oddi ar yr A494. Mae'r ffordd hon yn dilyn dyffryn Dyfrdwy am filltiroedd lawer nes cyrraedd yr A5 ger Corwen. Dilynwn y B4401.

Ymhen rhyw chwarter milltir awn heibio Melin Meloch ar y chwith. Afon Meloch sy'n ymuno ag afon Dyfrdwy gerllaw. Arferai hon fod yn un o felinau'r Tywysogion. Nid yw'n gweithio yn awr. Bu William Meloch Hughes yn byw yma cyn ymfudo i Batagonia yn un ar hugain oed yn 1881. Ysgrifennodd lyfr poblogaidd ar hanes y Wladfa – *Ar Lannau'r Camwy*.

Ychydig ymhellach ymlaen awn heibio plasty bychan Brynbannon ar y chwith. Yma yr ymddeolodd y Parch Ddr John Daniel Jones yn 1937 wedi iddo dreulio'i oes yn Bournemouth fel gweinidog. Teimlai fod Cymru wedi magu ysbryd llawer mwy cenedlaethol tra bu ef i ffwrdd. Bu ei sylwadau ar yr ysbryd hwnnw yn her i Saunders Lewis ysgrifennu cerdd iddo:

I'r Dr J.D. Jones C H
(*Bournemouth gynt*)

O'th bulpud plu dy bregeth wêr
Ddiferodd ar y glythion,
A thoddion saim dy Saesneg bras
Fu moddion gras bolrhythion.

Dychweli'n awr i wlad y tlawd
Sy'n friw dan fawd y tordyn,
A'th gerydd llym i genedl frau
Blygu i'r iau a'r cordyn.

Wedi mynd heibio Brynbannon deuwn at fynedfa ar y dde sy'n arwain at Bodwenni. Mae'r dyffryn yn culhau yma.

Wedi i'r dyffryn ymagor eto wrth inni ddod i gyrion Llandderfel, gwelwn blasty'r Pale dros yr afon ar y dde, ac ar y chwith mae'r Fronheulog.

Yr ydym ar y gwastad yn awr. Gadawn Gofeb y Milwyr ar y chwith a mynd dros y bont fawr. Wrth westy Bryn Tirion trown i'r chwith. Mae golygfa werth chweil o Landderfel a'r ardal yn y fan yma.

Awn heibio Bryn Melyn sydd ar y troad ar y chwith. Cartref plant yw awr, ond bu'n gartref i'r cenhadwr, y Parch D.E. Jones ac fe fagwyd Eirian Davies y gantores enwog yma hefyd. Roedd brawd D.E. Jones yn ffotograffydd cynnar ac ef oedd arweinydd Côr Llandderfel a fu'n perfformio yn y Pale o flaen y Frenhines Victoria.

Y safle nesaf ar y chwith yw Crogen. Hen lys gyda thomen gastell oedd yma gynt. Yma yr alltudiodd Llywelyn Fawr Elise ap Madog o gastell y Bala am iddo wrthod ymuno ag ef yn erbyn Gwenwynwyn o Bowys. Mewn llythyr at Ralph, Esgob Chichester, tua mis Mai 1230, mae cyfeiriad bod Gwilym Brewys wedi cael ei grogi gan Llywelyn mewn lle o'r enw *Crokein*. Efallai mai cymysgu Crogen â chrogi mae'r Abad Nicholas ond pe bai Llywelyn eisiau dangos ei awdurdod i Arglwyddi'r Mers a gwŷr Powys, ble

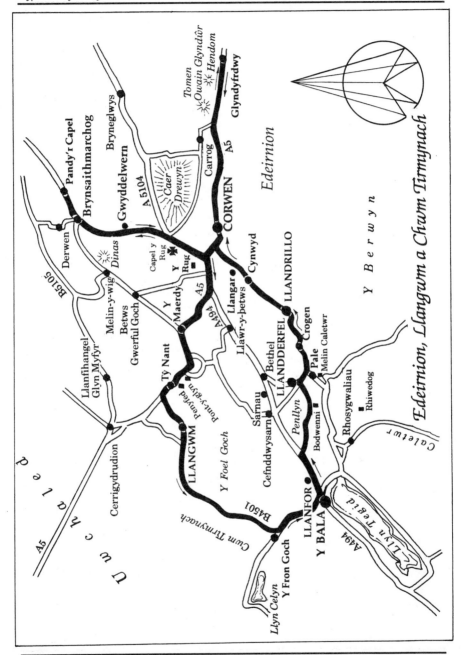

well i wneud hynny na Chrogen?

Awn ymlaen tua Llandrillo, heibio i'r eglwys â'i thŵr uchel a thros afon Ceidiog. Un o'r ardal hon oedd Ieuan ab Einion o'r Crynierth (nid Crynierth, Cefnddwysarn fel y noda *Gwaith Guto'r Glyn)*. Ebe Guto amdano:

Bu ladrad heb lywodraeth,
Bu drais, dros y byd yr aeth;
Ieuan oedd darian ei dir,
Ac Ieuan a fu gywir.

Bu ei fab, Dafydd ab Ieuan ab Einion yn cadw castell Harlech yn ystod Rhyfeloedd y Rhosynnau:

Cadw castell yn Ffrainc nes bod pob hen wraig yng Nghymru wedi clywed amdano, a'i fod am gadw Castell Harlech nes bod pob hen wraig yn Ffrainc wedi clywed amdano!

Y mae llawer o olion o gyfnod y cromlechi a'r cylchoedd cerrig yn yr ardal hon a bu'r Tylwyth Teg yn brysur yma hefyd.

Gellir cael llawer o hanes ardal Llandrillo yng nghyfrol wych Francis Wynn Jones, *Godre'r Berwyn.*

Roedd beirdd yma hefyd. Un ohonynt oedd Hywel Cilan. Canai yntau yng nghyfnod Rhyfel y Rhosynnau. Canmolai uchelwyr y cylch a'u gwragedd:

Hael yw enaid haelioni,
Cymar hael Cymro yw hi.

Rhaid bod ei chymar yn fyr o gorffolaeth canys mewn englyn dychan, dywed Gutun Owain:

Cyw iâr yn picio'i eiriau.

Wedi gadael y pentref, croeswn bont

dros y Wen Ffrwd a chyn cyrraedd Nant Gwyn, deuwn cyn hir at ffordd sy'n troi i'r chwith at Hendwr, llys enwog arall. Un o'r llys hwn oedd y bardd Llygad Gŵr. Canai i Lywelyn ap Gruffudd gan fynegi'r teimladau gwladgarol a gynhyrfai'r Cymry ar y pryd. Canai i Gymru unedig a Llywelyn yn 'Wir Frenin Cymru'. Ef oedd un o'r beirdd cyntaf i fynegi gwir genedlaetholdeb.

Nid oedd pob aelod o deulu Hendwr yn cefnogi'r Llyw Olaf. Bu Dafydd ap Gruffudd yn ei wrthwynebu yn ystod helyntion 1277 pan losgwyd Hendwr. Cafodd ei fab, Gruffudd ap Dafydd, gryn ffafrau gan Edward y Cyntaf ym Mhenllyn yn 1295.

Cyn hir deuwn at bentref Cynwyd. Pentref mewn hafn ydyw. Mae'r pentref yn adnabyddus ledled Prydain a'r cyfandir heddiw, diolch i ganolfan trelars hwylus Ifor Williams. Un o'r pentref hwn oedd R. Stanton Roberts, arbenigwr ar gopïo hen lawysgrifau.

Cewch lawer o hanes ardal Cynwyd yn llyfr difyr Trefor O. Jones, *O Ferwyn i Fynyllod.* Mynyllod yw'r gefnen ar y chwith sy'n gwahanu dyffryn Dyfrdwy oddi wrth Nantffreuer.

Awn ymlaen drwy'r pentref. Uwchlaw'r ffordd mae Llwyn, cartref W.F. Irving, hanesydd lleol a thad Irving ifanc a gollwyd gyda'i gyfaill Malory pan oedd y ddau yn dringo Everest yn 1924. Nid oes sicrwydd a fu i'r ddau gyrraedd y copa ai peidio. Gwelwyd hwy am y tro olaf yn anelu tua'r copa. Ni chafwyd hyd i'w cyrff hyd heddiw.

Cyn hir deuwn at gilfach barcio eang ar y dde. Gadawn y car yno. Dros y ffordd ar y chwith ac i lawr y llethr mae hen eglwys Llangar. Mae'r eglwys wedi ei hatgyweirio gan Cadw yn ddiweddar ac mae'n werth ei gweld. Ceir hen chwedl ynglŷn â thrafferthion adeiladu eglwys Llangar. Wedi i'r seiri meini lafurio am ddiwrnod yn adeiladu, drannoeth byddai gwaith y diwrnod cynt wedi ei chwalu. Digwyddodd hyn ddydd ar ôl dydd nes iddynt o'r diwedd ymgynghori â gŵr doeth. Dywedodd y gŵr doeth wrthynt am fynd i hela carw a chodi'r eglwys yn y man ble codent garw gwyn. Gwnaethant hynny ac ar y llecyn hwnnw dechreuasant adeiladu a chafodd y gwaith lonydd. Tybed ai rhyw ystryw ydoedd i geisio dangos fod Cernunnos yn fodlon i'r grefydd Gristnogol gymryd ei le? Penderfynwyd hefyd mai taith yr helfa fyddai ffiniau'r plwyf:

Yn Llangar, codwyd;
Ym Mron Guddio, cuddiwyd;
Ym Moel Lladdfa, lladdwyd;
Yn y Bedren, pydrwyd.

Awn i mewn i'r hen eglwys sydd yn union fel ag yr oedd ganrifoedd yn ôl. Ar y muriau mae olion murluniau yn ogystal ag enw Edward Samuel a ddaeth yma'n offeiriad yn 1721 ac a arhosodd hyd ei farw yn 1748. Roedd Edward Samuel yn fardd, llenor a chyfieithydd. Mae ei fedd ger talcen dwyreiniol yr eglwys. Ŵyr iddo oedd Dr Dafydd Samuel a deithiodd ar long Capten Cook ac a fu'n dyst i'w ladd ar ynys Hawaii yn 1779. Sylw John Wynne am y Parch Edward Samuel oedd:

He may be said, I believe, to divide his time pretty equally between the glass and the book, between his study and the ale house. He is a bookish sott!

Un arall o addolwyr eglwys Llangar oedd y bardd Mathew Owen. Gwelir peth o'i waith yn *Carolau a Dyrïau Duwiol* (1729) a *Blodeugerdd Cymru*. Mae rhai o'i englynion uwch pyrth eglwysi megis Tal-y-llyn. Bu farw yn 1679. Wele ei englyn i gawod o law:

Dyma wlith y gwenith gwyn, –
dyma'r bir,
Dyma'r bara a'r enllyn,
Dyma'r mêl a'r cŵyr melyn
O byrth Duw i borthi dyn.

Awn yn ôl at y ffordd. Wrth edrych yn ôl dros afon Dyfrdwy gwelwn y Gwerclas, un arall o'r amryw lysoedd a thomennydd cestyll a gododd Barwniaid Edeirnion gynt.

Teithiwn ymlaen tua Chorwen, i lawr yr allt ac ymuno â'r A5. Trown i'r dde ac i mewn i dref Corwen. Corfaen oedd hen ffurf yr enw. Defnyddid corau i wneud corlannau ac fe'u lluniwyd fel adwy wrysg o blethiadau canghennau. Tybed a wnaed llan gyda mur cerrig o'i chwmpas yma – Corfaen? Mae cyfeiriad hefyd at wraig chwedlonol, Corwena, mam Beli a Brân a gwraig Dyfnwal Moelmud. Efallai mai ymdrech i egluro'r enw Corwen sydd yma?

Bu Corwen unwaith yn enwog am ei heisteddfodau, gyda gwŷr megis Twm o'r Nant a Gwallter Mechain yn cystadlu ynddynt. Yn y ganrif hon, yma y cynhaliwyd Eisteddfod Genedlaethol gyntaf yr Urdd yn 1929.

Cafodd y dref ei chysylltu droeon ag Owain Glyndŵr ac mae cerflun o'r arwr hwnnw ar y sgwâr.

Mae'n werth ymweld ag eglwys y

Corwen

Llangar

plwyf. Yn y fynwent mae coes hen groes Geltaidd o'r nawfed ganrif. Uwchben drws y de mae hen garreg arall â chroes wedi ei cherfio arni; mae'n debyg i ddagr a chredai'r hen bobl mai ôl dagr Owain Glyndŵr ydoedd pan y'i taflwyd o ben y graig y tu ôl i'r eglwys! Oddi mewn i'r eglwys mae delw ar fedd Iorwerth Sulien a fu'n ficer y plwyf. Un o reithoriaid enwog y plwyf oedd Morys Clynnog (c.1525-81), Pabydd a ffodd gyda Gruffudd Robert i'r Eidal pan fu farw'r frenhines Mari. Bu'n rheithor yn y Coleg Seisnig yn Rhufain.

Roedd Corwen yn gyffordd bwysig i'r ffordd haearn cyn cau y rhwydwaith a bwriadwyd creu cangen i Gerrigydrudion ac i lawr i Fetws-y-coed. Bu'r rheilffordd yn gyfrifol am Seisnigo cryn dipyn ar y dref serch hynny.

Un o Gorwen oedd Caerwyn, arweinydd eisteddfodau yn nechrau'r ganrif, ac yma y treuliodd y Parch H. Cernyw Williams ran helaeth o'i oes.

Gadawn y dref a dilyn yr A5 tua Charrog. Hen enw Carrog oedd Llansanffraid Glyndyfrdwy. Efallai fod Santes Ffraid yn enghraifft arall o sut y bu i Gristnogion cynnar droi duwies tân a barddoniaeth Geltaidd yn santes.

Llidiart y Parc yw enw'r tai sydd ar yr A5. Rhaid troi i'r chwith a theithio i lawr dros y bont garreg i'r pentref. Yma yr oedd carchardy Owain Glyndŵr yn ôl yr hanes.

Mae disgrifiad John Wynn o'r eglwys yn enghraifft o gyflwr llawer eglwys yng Nghymru yn 1729:

'When rain, hail o'r snow happens to fall, off the people go, their zeal waxing cold.' Hyn oherwydd bod llechi'r to yn gollwng.

'The windows are 4, neither uniform nor whole, the glass being all shattered to pieces'. Rhaid sylweddoli mai eglwys y plwyf oedd yr unig le i addoli yr adeg honno! Wrth gwrs, mae holl eglwysi Penllyn ac Edeirnion wedi eu hailadeiladu a'u diddosi erbyn heddiw.

Yng Ngharrog y trigai David Hughes (Eos Iâl, 1794?-1862) a oedd yn fardd a chyhoeddwr. Cafodd afael ar hen lythrennau plwm a gwnaeth wasg bren ei hunan. Mae ei waith argraffu yn gymysgedd o wahanol ffontiau!

Yma yn y Tŷ Capel y magwyd teulu athrylithgar y Parch Evan Lynch a'i wraig Beryl.

Awn yn ôl at yr A5 a throi i'r chwith am Lyndyfrdwy. Yn fuan iawn gwelwn un arall o domenni castell Edeirnion. Fe'i gelwir yn Tomen Owain Glyndŵr. Yr ydym yn ei fro ef o ddifrif yn awr. Ymhen ryw chwarter milltir gwelir tomen arall, Tomen yr Hendom, a'r tŷ fferm sydd wedi ei wthio iddi.

Bardd o'r ardal oedd Rhys Goch Glyndyfrdwy a ganai i'r uchelwyr oddeutu 1460.

Bu ardal Glyndyfrdwy, fel ardal Carrog, yn ddibynnol ar waith o chwareli llechi sydd bellach wedi cau.

Gynt, roedd terfynau Sir Feirionnydd yn cyrraedd tua milltir y tu draw i Lyndyfrdwy.

Trown yn ôl ar hyd yr A5 a thrwy Gorwen, dros bont afon Dyfrdwy nes cyrraedd Ty'n Cefn. Yma roedd y Pentre Gwyn yr ysgrifennodd Robert David Rowlands (Anthropos, 1853?-1944) amdano mewn llyfr o'r un enw. Yma y magwyd Anthropos. Bu'n weinidog yng Nghaernarfon, yn fardd,

Pont Carrog

Tomen Owain Glyndŵr, Carrog

llenor a newyddiadurwr. Ef oedd golygydd *Trysorfa'r Plant* o 1912 hyd 1932 hefyd.

Yn y Pentre Gwyn, trown i'r dde ac ymhen ychydig gannoedd o lathenni deuwn at Gapel y Rug ar y chwith. Mae yma le parcio a byrddau picnic. Mae'r capel bychan hwn yn werth ei weld. Codwyd ef gan William Salusbury o'r Rug yn 1637. Roedd William Salusbury yn gyrnol ym myddin y brenin yn ystod y Rhyfel Cartref a bu'n amddiffyn castell Dinbych dros y brenin. Oddi mewn mae'r capel yn gyforiog o liw a cherflunwaith. Ar y mur gwelir llinellau o waith Richard Gwyn, y Pabydd a ferthyrwyd yn Wrecsam ym mis Hydref 1584:

Val y treulia'r tân gan bwyll, gŵyr y
     ganwyll gynydd,
Felly'r einioes ar rhod sydd yn
     darfod beunydd.

Cewch bamffledyn hwylus a gwybodaeth am y capel o'r swyddfa gyfagos.

Bu Robert Roberts (1834-85), y Sgolor Mawr yn gurad yng Nghapel y Rug yn dilyn curadiaethau yn y Cwm ger Rhuddlan a'r Bala. Bu'n rhaid iddo ymddeol yn 1861 ac ymfudodd i Awstralia. Tra oedd yno ysgrifennodd ei hunangofiant – *The Life and Opinions of Robert Roberts, a Wandering Scholar*. Dychwelodd i Gymru yn 1875 a bu'n cynnal ysgolion bob hyn a hyn. Gwnaeth waith amhrisiadwy wrth gasglu defnyddiau ar gyfer geiriadur, a bu'r gwaith hwnnw yn gymorth mawr i D. Silvan Evans wrth iddo ef baratoi ei eiriadur. Bu farw Robert Roberts yn 1885 ac fe'i

claddwyd yn Llangernyw, yn ei fro enedigol.

O fynedfa maes parcio'r capel gwelwch fryn uchel ar y chwith ac olion hen fryngaer ar ei gopa. Dyma Gaer Drewyn.

Rhaid troi i'r chwith yn awr ac wrth ddilyn ffordd Rhuthun, deuwn i gyffiniau Gwyddelwern (wedi mynd heibio un arall o domenni castell Edeirnion). Un o lannau Beuno yw Gwyddelwern ac mae tŵr uchel iawn ar yr eglwys.

Rhwng Gwyddelwern a Phandy'r Capel fe welir y Maerdy Mawr ar y chwith. Yn y bymthegfed ganrif, diogelwyd un o'n llawysgrifau pwysicaf yma, sef Llyfr Gwyn Rhydderch. Cynhyrchwyd y llawysgrif yn y bedwaredd ganrif ar ddeg. Daeth i feddiant Robert Vaughan o'r Hengwrt maes o law, gŵr a gadwodd ac a ddiogelodd lawer o'n hen lawysgrifau. Y Llyfrgell Genedlaethol yw ei gartref erbyn hyn.

Awn ymlaen tua Brynsaithmarchog ac yma, yn ôl y Mabiniogion, y gadawodd Bendigeidfran y Saith Marchog i wylio Ynys Prydain pan aeth ef i Iwerddon i achub cam Branwen.

Awn ymlaen eto at Bandy'r Capel ar derfyn yr hen Sir Feirionnydd. Roedd yma gapel i Sant Aelhaearn. Tueddai Beuno ac Aelhaearn i ddilyn ei gilydd.

O Frynsaithmarchog medrwn ddilyn y ffordd gul tua Melin-y-wig a Betws Gwerful Goch ac ymuno â'r A5 yn y Maerdy.

Dychwelwn at yr A5 a throi i'r dde. O'n deutu yn awr mae parciau'r Rug. Yma yn rhywle y bradychwyd Gruffudd ap Cynan (1055-1137) a'i ddwyn yn

Gorsaf Carrog – pen y lein i reilffordd Llangollen ar hyn o bryd.

Caer Drewyn, Corwen

gaeth i gastell Caer gan y Normaniaid.

Ar y dde ymhen ychydig, deuwn at y ffordd sy'n arwain at blasty'r Rug. Mae yma eto domen gastell. Meddai Tudur Aled am Hywel ap Rhys ap Dafydd ap Hywel o'r Rug pan fu farw:

Duw gwyn! Er digio ennyd
Ai difa'r iaith yw dy fryd?

Arglwydd Niwbwrch sydd biau'r stad yn awr.

Awn ymlaen dros bont afon Alwen. Ar ochr dde'r ffordd mae Tre'r Ddôl. Dyma ardal enedigol Thomas Jones yr Almanaciwr (1648-1713). Roedd Thomas Jones yn cyhoeddi Almanac blynyddol ac yn argraffu llyfrau yn Llundain a'r Amwythig.

Ym mhen pellaf y ffordd union mae pentref bychan y Ddwyryd. Camsillefid ei enw yn *Druid* gynt pan oedd hynafiaethwyr yn gweld Derwyddon ym mhobman! Dioddefodd Cerrig-ydrudion yn yr un modd gyda'r sillafiad Cerrig-y-Druidion! Yma, mae'r A494 yn gwyro i'r chwith tua'r Bala ond fe awn ni yn ein blaenau ar hyd yr A5. Gan mai'r ffordd a gynlluniodd Thomas Telford o Lundain i Gaergybi yw'r A5, pan oeddem yn blant, 'Yr Holihêd' yr arferem ei galw!

Teithiwn ymlaen a chyn hir, wedi croesi pont afon Geirw, cyrhaeddwn y Maerdy. Heibio tafarn *Y Cymro* mae'r ffordd yn troi o'r A5 i'r dde i gyfeiriad Betws Gwerful Goch a Melin-y-wig. Ychydig i fyny'r ffordd mae'r persondy ble treuliodd Dr D. Tecwyn Lloyd ei ymddeoliad ac ym Melin-y-wig mae bedd J.E. Jones, trefnydd Plaid Cymru. Roedd Betws Gwerful Goch yn gyrchfan bwysig i sipsiwn gynt.

Awn ymlaen ar hyd yr A5 i Ddinmael. Arferai Bedo Aeddren fwynhau nosweithiau llawen yma i sain nodau'r delyn. Y mae cyfnewidiadau mawr wedi eu gwneud i'r A5 er mwyn osgoi'r troadau ger Pont-y-glyn. Fodd bynnag, ceisiwch weld Pont-y-glyn ble mae ffordd Cwm Main yn troi o'r A5. Mae Pont-y-glyn yn croesi ceunant dwfn afon Geirw. Yma, fel y dengys y plac ar y bont, bu ffermwyr Uwchaled yn bygwth taflu'r gwŷr a ddaeth i atafaelu eu hanifeiliaid yn lle'r degwm dros ganllaw y bont i'r ceunant yn 1888! Bu'r ffermwyr yng ngharchar Rhuthun o ganlyniad i'r helynt. Yn awr, yr ydym unwaith eto yng ngwlad Cwm Eithin. Uwchaled yw'r enw swyddogol ar y tir hwn.

Wedi croesi Pont-y-glyn mae lôn drol yn arwain i'r dde at ffermdy Penyfed. Dyma gartref David Ellis, y bardd ieuanc a ddiflannodd ym Macedonia yn ystod y Rhyfel Byd Cyntaf:

Sŵn y fagnel ar y bryniau,
Gwaed y dewr ar dŵf y rhos,
Angau'n casglu ei ysgubau
Cyn aeddfedu gyda'r nos.

Pan ddaw cwsg i gau'n hamrannau
Crwydra'm hysbryd dros y bryn,
Hoffa ddianc at y blodau
Dyf o bobtu Pont-y-glyn.

Os ydych am ychwaneg o wybodaeth am Uwchaled, fe'i cewch yn y cyfrolau *Yn Llygad yr Haul,* Eifion Roberts a Robin Gwyndaf; *Awelon o Uwchaled*, Gol. Gwilym G. Jones; *Cwm Eithin*, Huw Evans ac *Y Ffynnon Arian*, Robin Gwyndaf.

Dilynwn yr A5 nes cyrraedd y tro am Langwm. Awn tua Llangwm. Dyma un arall o ardaloedd Eisteddfodau Llên y Llannau. Ardal lenyddol fywiog a cherddorol. Mae eglwys y plwyf bellach wedi ei chau, ond yma y bu Ellis Wyn o Wyrfai yn rheithor am flynyddoedd lawer rhwng 1872-95. Yma hefyd y treuliodd John Roberts, gweinidog gyda'r Methodistiaid, ran helaeth o'i oes. Cafodd ei ordeinio gan Thomas Charles adeg yr ordeinio cyntaf gan y Methodistiaid yn 1811.

Awn ymlaen drwy'r pentref, heibio Capel y Groes. Ar y mynydd i'r chwith y gwasgarwyd llwch Dr John Sampson, awdurdod ar hanes y sipsiwn a'u traddodiadau. Traddododd Augustus John anerchiad mewn Romani ar yr achlysur.

Dros y dyffryn ar y dde mae Garth Meilo, cartref y Parch John Wynn, awdur adroddiad deifiol ar gyflwr eglwysi plwyf Penllyn ac Edeirnion yn 1729.

Cyrhaeddwn y B4501 ger capel Gellioedd. O edrych dros y dyffryn i'r chwith gwelwn Fferm Aeddren, un o'r mannau ble bu Bedo Aeddren yn byw a'r man a roddodd iddo ei enw. Yr ochr arall i'r ffordd mae'r Gellioedd Isaf, cartref y Parch. J.T. Roberts, pregethwr a gweinidog arbennig iawn.

Yr ydym yn awr ar gyrion Cwm Tirmynach. Bu'r tiroedd hyn yn eiddo i Abaty Ystrad Marchell ym Mhowys – fe'u rhoddwyd iddynt gan Elise ap Madog o gastell y Bala yn 1183. Pan ddeuai Tywysogion Gwynedd i Benllyn i hela, hawlient ddofraeth gan y mynaich – math o dreth, sef bwyd, diod a llety i dri chant o ddilynwyr. Cododd Llywelyn ap Gruffudd y swm i 500 a dau ebol blwydd. Cymerai arian yn lle'r ddofraeth pan na ddeuai i hela.

Roedd Ystrad Marchell yn enwog am fagu ebolion. Pan dilëwyd y mynachlogydd, daeth y tir yn rhan o stad y Rhiwlas. Roedd Cadwaladr Prys y Rhiwlas yn frawd i Dr Ellis Prys (y Doctor Coch), un o gomisiynwyr Harri'r Wythfed adeg dileu'r mynachlogydd. Mae llawer enw yn y cwm yn ein hatgoffa o'r cyfnod pell hwnnw: afon Mynach, Pont Mynachdwr, Hafod yr Esgob a.y.b. Wrth yrru i lawr y cwm cawn olygfa odidog o'r Aran ar y chwith a'r Arennig ar y dde.

Yr ydym yn awr mewn ardal a fu'n llawn o Grynwyr unwaith. Wrth nesáu at ben isaf y cwm gwelwn ffordd yn troi i'r chwith tua Llwyn-brain (neu Branar) ble byddent yn arfer addoli. I fyny'n uchel ar y bryniau mae'r Llaithgwm, cartref John ap Thomas – Crynwr enwog – a'r Wern Fawr, cartref ei frawd a oedd hefyd yn Grynwr.

Yn y pentref bychan mae'r neuadd bentref ble bydd ieuenctid y cylch yn brysur iawn. Hon oedd yr ysgol leol nes i Ysgol Bro Tryweryn yn y Frongoch gael ei hadeiladu.

Yn y Tŷ Capel y magwyd y bardd Gwilym Rhys Roberts ac fel hyn y gwelodd Lyn Tegid wrth yrru heibio iddo ar ei feic modur i ddysgu plant Llanuwchllyn:

Dŵr y Llyn fel gwydr llonydd – yn llathraidd
  Is llethrau y bronnydd;
  Haul ar gwm, ac wele'r gwŷdd
  Yn gwylio lluniau'i gilydd.

Awn heibio Tai'r Felin ar y dde ac ymuno â'r ffordd tua'r Bala. Wedi teithio gyda glannau afon Tryweryn am ryw dri chwarter milltir, gwelwn fwthyn bychan Bach Glas ar y llechwedd ar y dde. Yma y trigai'r tyddynnwr tlawd John Evans. Syrthiodd mewn cariad â Mary Price, merch plas y Rhiwlas dros yr afon. Mynnodd Mary ei briodi ac yn 1795 gwnaethant eu cartref ym mhlwyf Hirnant ym Maldwyn. Cawsant ddeuddeg o blant – chwe mab a chwe merch. Daeth tri o'u disgynyddion yn bregethwyr enwog yn y ganrif ddiwethaf.

Dringwn y rhiw a byddwn yng ngolwg y Bala unwaith eto.

Edeirnion

Ucheldre

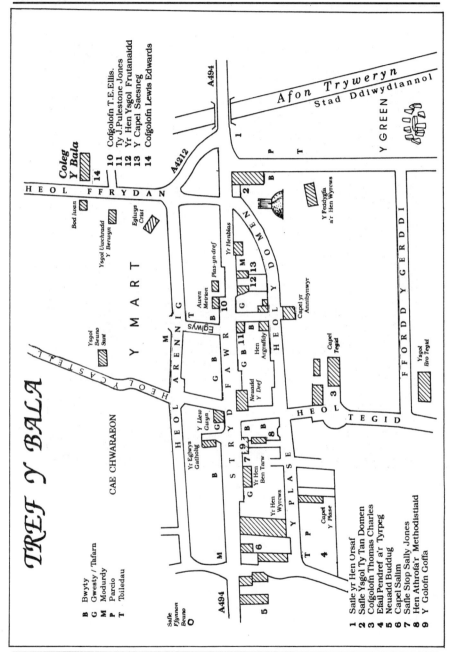

Tref y Bala

Y *Green*

Ers talwm, roedd y *Green* yn cyrraedd o Domen y Bala hyd lannau afon Tryweryn. Yma y cynhelid ffeiriau ac fe welid rhesi o droliau yn llawn o berchyll wrth wal Ysgol Tŷ Tan Domen. Heddiw ar ddiwrnod ffair ac ar ddydd Llun mae llaweroedd o stondinau ar ran o'r *Green*.

Yn y ddeunawfed ganrif a dechrau'r bedwaredd ganrif ar bymtheg, yma y cynhelid Sasiynau enwog y Bala. Teithiai pobl o bob cwr o Gymru i wrando ar bregethwyr mawr y genedl. Dechreuwyd cynnal Sasiynau yn y Bala oddeutu 1760 ond nid ar y *Green* fel y cawn weld eto. Yma y pregethai y Parch Peter Williams, y Parch Daniel Williams a'r Parch William Williams, ac yn ddiweddarach y Parch Thomas Charles, y Parch Thomas Jones a John Eleias. Teithiai miloedd i'r Bala, ac Ann Griffiths yn eu plith, i dderbyn y cymun gan Thomas Charles.

Yr Orsaf

Yn 1883 agorwyd y rheilffordd o'r Bala i Flaenau Ffestiniog gan gwmni *Bala & Ffestiniog Railway*. Roedd yr orsaf ar lain o dir y *Green* gyda glan afon Tryweryn. Yn ddiweddarach, gosodwyd signal i nodi'r fan ble bu'r orsaf.

Y Trên ar *Green* y Bala

Y march tân, er mor wych y tynna, – nid
                                                    nid
  Yw'n ôl o ladrata;
  Lluniodd hwn i ddwyn llain dda
  O groen bol Green y Bala.

Hi chwâl asynod Gwalia, – gyrn
                                          mawr
  Gwŷr a meirch ddiflanna;
  Pan wneir hon, dynion nid â
  Ar ebolion i'r Bala.

Dewi Havhesp

Daeth y rheilffordd i feddiant y *G.W.R.* yn 1910 ac roedd tocyn o Ffestiniog i Lundain yn costio tua £1.75!

Rhedai'r llinell drwy fro ramantus iawn gyda godre'r Arennig ac ar hyd 'silff' uwchben Cwm Prysor i olwg mynyddoedd Ardudwy a'r Moelwyn a dyffryn Maentwrog.

Daeth oes y rheilffordd i ben i deithwyr ym mis Ionawr 1960 a theithiodd trên olaf arbennig ar Ionawr 22ain, 1961. Heddiw llifa dyfroedd Llyn Celyn dros ran o lwybr y rheilffordd. Erys y bont hardd, uchel, aml-fwaog ym mhen uchaf Cwm Prysor fel cofgolofn i ffordd haearn a fu unwaith mor brysur.

Y Feddygfa a'r Wyrcws

O'r *Green* ceir mynedfa i feddygfa bresennol y Bala. Mae wedi ei lleoli ar safle ail wyrcws y dref a adeiladwyd yn 1878.

Ysgol Tŷ Tan Domen

Yn wynebu ffin orllewinol y *Green* mae talcen hen ysgol Tŷ Tan Domen. Ar y talcen hwnnw gwelir arfbais Coleg yr Iesu, Rhydychen. Awn yn ôl i 1713 pan fu farw Edmund Meyrick (1636-1713). Fe'i ganed yn Ucheldre ger Corwen yn 1636. Janet ferch John Vaughan o'r Cefnbodig, Llanycil oedd ei fam. Oherwydd cysylltiadau teuluol ac eglwysig yn ne-orllewin Cymru, cafodd nifer o fywoliaethau eglwysig breision iawn. Daliai saith neu wyth o'r rhain ar y tro a daeth yn gyfoethog iawn. Sefydlodd ysgol yn nhref Caerfyrddin a bwriadai ei gwaddoli yn ei ewyllys. Eithr digwyddodd rhywbeth i'w ddigio a newidiodd ei ewyllys gan adael ei arian i sefydlu ysgol yn y Bala. Dewiswyd hen adeilad yng nghysgod Tomen y Bala, Tŷ Tan Domen, i gynnal yr ysgol, a daeth yr ysgolfeistr Evan Griffiths o Gaerfyrddin yn brifathro arni. Bu yno am 38 mlynedd. Elwodd Coleg yr Iesu, Rhydychen yn fawr ar yr ewyllys hefyd. Yn 1851 roedd adeilad yr ysgol mewn cyflwr gwael ond fe'i hatgyweiriwyd gan Goleg yr Iesu fel y dengys y plac uwch y brif fynedfa.

Gwelodd ddyddiau da a dyddiau nad oeddent gystal. Cafodd ei galw wrth nifer o wahanol enwau yn ystod y blynyddoedd – yr Ysgol Rad, Ysgol Meyrick, Ysgol Ramadeg, *County School*, Ysgol Tŷ Tan Domen ac Athrofa Ramadegol y Bala.

Bu yma wŷr enwog yn ddisgyblion – y Parch Puleston Jones, D.R. Daniel, M.D. Jones, O.M. Edwards, Tom Ellis, D. Tecwyn Lloyd a Meirion Roberts i enwi ond ychydig.

Ysgol i fechgyn ydoedd ond yn 1964 penderfynwyd ehangu Ysgol Sir y Merched i gynnwys bechgyn Tŷ Tan Domen a'i galw'n Ysgol y Berwyn. Gwerthwyd hen adeilad Tŷ Tan Domen i Wasg y Sir a Bwyty'r Cyfnod.

Tomen y Bala

Awn o'r *Green* i'r Stryd Fawr gan droi i'r chwith heibio i'r hen ysgol a throi i'r chwith drachefn drwy le a elwid gynt yn *Bradford Square*. O'n blaenau mae Tomen y Bala. O ymorol am yr agoriad o Swyddfa'r Cyngor gellir dringo'r Domen. O gopa'r Domen ceir golygfeydd gwych i bob cyfeiriad. I'r gorllewin mae Llyn Tegid, Llanuwchllyn a'r Aran yn y pellter. I'r gogledd-orllewin mae'r Arennig yn gwarchod ardaloedd y Parc a Waun y Bala. I'r gogledd mae Moel Emoel a Chwm Tirmynach i'r chwith iddi a Llanfor i'r dde. I'r dwyrain, edrychir i lawr dyffryn Dyfrwy tua Llandderfel a Chefnddwysarn. I'r de-ddwyrain mae Rhosygwaliau a Rhiwedog a hen lys Rhirid Flaidd (c.1160) gyda'r Berwyn yn y cefndir.

Awn yn ôl i 1310 pan sefydlodd Roger de Mortimer, a oedd â chysylltiad teuluol â'r tywysogion, dref y Bala. Yn 1220, priododd Ralph Mortimer â Gwladus Ddu, merch Llywelyn Fawr, ond ni rwystrodd hynny yr ymryson parhaus rhyngddynt! Yn 1310 codwyd y Domen a chastell pren ar ei chopa. Rhannwyd y dref newydd yn 53 o ddaliadau o boptu'r stryd fawr lydan gyda dwy stryd arall yn gyfochrog. Ymhen y flwyddyn, roedd 44 o'r rhannau wedi eu cymryd gan Saeson a Normaniaid.

Yn 1324 cafodd y dref newydd siartr i'w gwneud yn fwrdeistref. Nid oedd yr un Cymro i gael byw o fewn ffiniau'r dref. *Foreigners* oeddynt hwy! Roedd gan y bwrdeisiaid hawl i ddewis maer a rheidrwydd i gynnal ffair bob Saboth a dwy arall yn ystod y flwyddyn gan nodi'r amseroedd. Roeddynt i fod i godi mur o garreg oddi amgylch y dref, ond hyd y gwyddys ni wnaed hynny. Yn ôl y siartr, 'dihirod a lladron' oedd y Cymry a drigai yn y wlad oddi amgylch. 'Ein deiliaid a'n tenantiaid

Tomen y Bala

Ysgol Tŷ Tan Domen gyda'r Domen gerllaw

Seisnig' oedd yn trigo yn y dref.

Mae effaith y cynllunio manwl ar dref y Bala i'w weld hyd heddiw yn y strydoedd taclus sgwâr. Gellir gweld olion y daliadau neu'r buarthau hefyd. Nid oedd y Saeson yn hapus iawn yn y bwrdeistrefi hyn yng nghanol y wlad. Roedd yn anodd eu cyflenwi pan oeddynt dan warchae'r 'dihirod a'r lladron' ac yn araf aethant yn ôl i fannau mwy cydnaws a chymerwyd eu lle gan y Cymry. Yn wir, yn ystod teyrnasiad y Tywysog Du (1343-76), anfonwyd cais ato gan fwrdeisiaid Seisnig Caernarfon, Cricieth, Harlech, Conwy, Biwmares, Rhuddlan, y Bala a'r Fflint i gwyno bod y llysoedd yn mynd i ddwylo'r Cymry a gofynasant am eu hen hawliau yn ôl ac i'w cyd-fwrdeisiaid wrando arnynt, neu, *'there would not . . . be any Englishmen in Wales within a short time'.*

Yn y ganrif ddiwethaf arferai gwragedd y Bala eistedd ar y Domen yn gwau. Yn ei anwybodaeth credai George Borrow mai diogi oeddynt!

Roedd y diwydiant gwlân a gwau yn eithriadol o bwysig yn y Bala a Phenllyn yn y ddeunawfed ganrif a hanner cyntaf y bedwaredd ganrif ar bymtheg. Daeth gŵr o'r enw Gabriel Davies yn gyfoethog iawn fel 'dyn canol' yn y fasnach hon. Prynai holl waith gwau Penllyn ac Edeirnion a rhannau eraill o ogledd Cymru ac allforio'r rhan fwyaf o Abermo i dde America. Allforiai werth £40,000 o webiau yn flynyddol a gwerth £10,000 o barau o hosanau.

Roedd pawb yn gwau – gwŷr, gwragedd, plant, gweision a morwynion.

Yn ôl T.J. Hogg, yn y flwyddyn 1837

roedd y gwerthiant yn y Bala yn unig yn 384,000 pâr o hosanau, 120,000 pâr o socs, 66,000 pâr o fenig, yn ogystal â nifer mawr o goesau sanau, sliperau, capiau nos a mwffadinau. Gwerth tua £28,500. Nid peth newydd yw arallgyfeirio ym Mhenllyn!

Yn nauddegau'r ganrif ddiwethaf gadawodd Gabriel Davies hanner miliwn yn ei ewyllys! Ef oedd tad John Davies, Fronheulog. Roedd yn Fethodist selog ac yn gyfaill cywir i Thomas Charles.

Awn ymlaen ar hyd Heol y Domen, heibio i'r tŷ ar y chwith ble bu O.M. Edwards yn lletya gyda John Jones pan oedd yn ifanc, y drws nesaf i Mount Place ble'r oedd Puleston ei gyfaill yn byw. Ymhen dim deuwn at gapel hardd ar y chwith.

Capel yr Annibynwyr

Yma mae Heol y Berwyn yn ymuno â Heol y Domen. Ar y gornel ar y dde mae olion capel sydd bellach yn dai annedd ac i'r fan yma yn 1842 y daeth Michael Jones â'i ysgol o Lanuwchllyn. Cyn ei symud o'r Weirglodd Wen, Llanuwchllyn câi ei hadnabod fel Athrofa. Dilynwyd Michael Jones fel prifathro'r Athrofa gan ei fab, Michael Daniel Jones, yn 1855. Fe'i cysylltir ef â sefydlu'r Wladfa Gymreig ym Mhatagonia ac â'r deffroad Rhyddfrydol ym Mhenllyn. Bu'r gwŷr galluog Ioan Pedr ac Ap Vychan yn cynorthwyo'r Parch Michael D. Jones yn yr Athrofa. Nid oedd pethau'n esmwyth bob amser ond 'arweiniwyd yr Eglwys gan ddiaconiaid cryf a doeth'. Codwyd y capel hardd presennol yn 1867.

Bu anghydfod ffyrnig ynglŷn â

rheoli'r coleg a elwid yn 'Frwydr y Ddau Gyfansoddiad' (1879-85). Erbyn hyn, roedd y coleg wedi ei symud i Bod Iwan, cartref Michael D. Jones. Aeth pethau cynddrwg nes y cafwyd dau goleg gan yr Annibynwyr yn y Bala – y naill ym Mod Iwan dan ofal Michael D. Jones a'r llall ym Mhlas yn Dre dan ofal y Parch T. Lewis. Yn y diwedd, symudwyd i Fangor gan alw'r coleg yno yn Goleg Bala-Bangor. Cofiwn am Michael D. Jones am ei fod yn ŵr mawr a phenderfynol, tad y deffroad cenedlaethol yng Nghymru. Bu ei ddylanwad ar O.M. Edwards ac eraill yn fawr. Yn ôl O.M. Edwards, 'bu am flynyddoedd yn ceisio fy nysgu i ysgrifennu hanes Cymru o safbwynt Cymro'. Bu farw Michael D. Jones ym mis Rhagfyr 1898 ac fe'i claddwyd ger bedd ei dad yn Llanuwchllyn.

Argraffwyr

Ar y gornel gyferbyn â'r hen gapel mae safle hen swyddfa'r *Seren* – papur wythnosol pwysig y Bala a'r cylch gynt. Bu'r Bala'n bwysig ym myd argraffu ers pan sefydlodd John Rowlands wasg yma yn 1761-64. Yma hefyd y sefydlwyd gwasg gan Thomas Charles a Thomas Jones yn 1803. Gwahoddodd Thomas Charles Robert Saunderson i gymryd gofal ohoni. Yno yr argraffwyd y mwyafrif o lyfrau Charles. Rhwng 1822 ac 1837 cyhoeddwyd y cylchgrawn diddorol *Y Gwyliedydd* yn y wasg. Bu gweisg eraill yn y Bala dan ofal Evan Davies 1849-1868, Griffith Jones 1850-59, Dafydd Owen c.1850, Frances ac Elizabeth Saunderson 1863-6, George Humphreys 1865-8, Edward Jones 1880, Humphrey Evans 1862-1921, Robert John Davies 1885-1906, Robert Evans 1885-1921, Robert J. Stanley Evans, Robert Stanley Evans, ac yn ddiweddarach A.J. Chapple ac Idris Evans 1921-1970. Bu Gwasg y Sir yn hen Ysgol Tŷ Tan Domen ers 1970 hefyd, dan ofal Gwyn H. Evans ac Eifion W. Evans. Yn ddiweddar dechreuwyd cyhoeddi papur bro misol *Pethe Penllyn* yn y cylch.

Capel Tegid

Awn ymlaen ar hyd Heol y Domen nes cyrraedd y Groes Fach, ble mae Heol Tegid (Bond St gynt) yn croesi Heol y Domen. Trown i'r chwith a dal i fynd yn ein blaenau nes cyrraedd y sgwâr sydd o flaen Capel Tegid. Sefydlwyd eglwys Fethodistaidd yn y Bala yn 1745, bedair blynedd ar ôl ymweliad Howel Harris â'r dref. Hi oedd yr eglwys Fethodistaidd gyntaf ym Meirionnydd. Roedd y capel cyntaf (1757) ar safle'r tai annedd a welir ar y chwith ac fe'i helaethwyd a'i hailadeiladu droeon. Adeiladwyd y capel mawr presennol, Capel Tegid, yn 1866. Bu ysgol Lewis Edwards yn yr adeiladau ar y chwith hefyd.

Cofgolofn Thomas Charles

O flaen Capel Tegid mae cofgolofn Thomas Charles (1755-1814). Gŵr o Sir Gaerfyrddin ydoedd yn wreiddiol. Bu yng Ngholeg yr Iesu, Rhydychen ble y daeth yn gyfeillgar â Seimon Llwyd o'r Bala. Yn 1778 daeth Seimon Llwyd ag ef am wyliau i'r Bala a syrthiodd Thomas Charles mewn cariad â Sally Jones a gadwai siop yn y dref. Priodwyd y ddau yn eglwys Llanycil ym mis Awst 1783. Dywedodd Sally wrtho na fwriadai hi symud o'r

Bala ac o'r herwydd daeth Thomas Charles yn 'Charles o'r Bala'.

Gan fod yr Eglwys Wladol wedi gwrthod rhoi bywoliaeth i Charles, roedd yn dibynnu llawer ar siop Sally a bu hithau'n gefn mawr iddo gydol ei oes. Llwyddodd i gyflawni y gwaith mawr o sefydlu ei ysgolion dyddiol a'i ysgolion Sul a hyfforddi athrawon ar eu cyfer, a thalai £10 y flwyddyn iddynt. Cafodd gyfle i deithio drwy Gymru benbaladr ac i Lundain a gwnaeth ei ran yng ngwaith sefydlu Cymdeithas y Beibl. Yn 1811 sefydlwyd enwad y Methodistiaid Calfinaidd ac fe ordeiniwyd gweinidogion. Roedd Charles yn drefnydd da a diorffwys ond cofiwn hefyd am ei gydweithwyr ffyddlon ac am Sally a'i siop a fu'n gymaint o gefn iddo.

Pe baem yn dilyn Heol Tegid ymlaen oddi wrth Gapel Tegid byddem yn dod at Ysgol Bro Tegid, un o'r ddwy ysgol gynradd sy'n y Bala.

Dychwelwn i'r Groes Fach, troi i'r chwith a dod at Gapel y Plase ar y chwith.

Capel y Plase

Adeiladwyd Capel Bach y Plase oddeutu 1880, ac ar y cychwyn cynhelid gwasanaethau Saesneg ynddo er budd gweithwyr y rheilffordd oedd yn cysylltu'r Bala â Blaenau Ffestiniog. Cyfrannodd y cwmni at gostau adeiladu'r capel. Bu wedyn yn fan addoli i drigolion y rhan hon o'r Bala ac yna cynhaliwyd Ysgol Sul yno. Roedd gan hen drigolion y Plase feddwl y byd o'r Capel Bach. Pan beidiodd â bod yn addoldy addaswyd yr adeilad gan Gymdeithas Cantref fel

man i gynnal arddangosfeydd yn ymwneud â threftadaeth Penllyn ac fe wneir defnydd helaeth ohono heddiw.

Y Plase

Cyn adeiladu'r maes parcio helaeth gerllaw y Capel Bach roedd llawer o ddiwydiannau'r Bala megis lladd-dai, beudai a chrefftwyr o bob math wedi eu lleoli yma. Roedd hon yn ardal brysur yn yr hen ddyddiau. Ond ers talwm câi ei gorlifo gan ddyfroedd Llyn Tegid. Heddiw mae'r dyfroedd yn cael eu rheoli. Gadawn y Plase a throi i'r dde.

Gefail Pendref a'r Tyrpeg

Wrth ymuno â'r Stryd Fawr, mae hen efail Pendref ar y chwith ac o dan yr un to, yr hen Dyrpeg. Siop yw'r Tyrpeg yn awr ond gynt roedd adwy neu far ar draws y ffordd lle'r oedd yn rhaid talu am ei defnyddio. Dywedir bod Tyrpeg arall ym mhen arall y dref a byddai drwgweithredwyr yn arfer cael eu chwipio o un Tyrpeg i'r llall.

Neuadd Buddug

Trown i'r chwith heibio i'r Tyrpeg ac ar y chwith eto mae adeilad helaeth Neuadd Buddug. Heddiw cynhelir sinema'r dref ynddi ac ambell berfformiad drama. Bu eisteddfodau yma hefyd ac yn y tridegau, yma y cynhaliai Mrs Johnston ei phanto-meimau enwog. Adeiladwyd y neuadd yn 1891 ar dir a roddodd R.J. Lloyd Price y Rhiwlas i gofio ymweliad y Frenhines Victoria â'r Bala yn 1889. Bu'r neuadd yn gaffaeliad mawr i'r Bala a'r cylch, ac felly y mae hyd heddiw hefyd. Ar y mur ceir plac sy'n dynodi mai ynddi y sefydlwyd

Yr Hen Gapel a Choleg yr Annibynwyr

Ysgol Tŷ Tan Domen

Cymdeithas Cerdd Dant Cymru ac yn 1900, cyn codi adeilad pwrpasol yn Heol Ffrydan, yma y cynhelid dosbarthiadau Ysgol Sir y Merched.

Ffynnon Beuno
Awn ymlaen heibio Neuadd Buddug ac yng nghanol y tai newydd ar y dde mae Ffynnon Beuno. Gobeithir ei hatgyweirio yn y man fel y gellir ymweld â hi eto. Dŵr o'r ffynnon hon fu R.J. Lloyd Price yn ei botelu a'i werthu.

Bryn y Groes
Dros y ffordd i'r Ffynnon mae plasty Bryn y Groes a ddefnyddir yn awr gan Efengylwyr.

Y Ganolfan Hamdden
Ar y chwith ymhellach i lawr y lôn gwelir adeiladau y Ganolfan Hamdden. Mae yma bwll nofio, neuadd chwaraeon a bwyty bychan. Yn un o'r adeiladau mae Canolfan Hysbysu y Parc Cenedlaethol.

Llyn Tegid
Ymhellach ymlaen ceir golygfa ardderchog o'r llyn gyda'r Aran yn y pellter. Gellir dilyn llwybr gyda phen y llyn i ymuno â'r B4403 ger y Ro Wen. I ddwyn i gof y dyddiau hynny pan arferai dyfroedd y llyn orlifo rhan o'r Bala, wele englyn y Parch Edward Samuel, person Llangar (1674-1748):

Mawr y drwg mae'r darogan –
helbulus
    Am y Bala druan;
Y daw'r môr drwy y marian,
A'i ddŵr fyth i foddi'r fan.

Trown yn ôl at yr Hen Dyrpeg a dechreuwn gerdded i lawr y Stryd Fawr. Hon oedd prif heol hen fwrdeistref 1310 hefyd.

Capel Salim
Gwelir Capel Salim ar y dde; capel Bedyddwyr y Bala. Capel i'r Wesleaid ydoedd yn wreiddiol, ond yn nhref Thomas Charles nid oedd llawer o obaith i'r Wesleaid lwyddo. Mae gan *Andronicws* ysgrif, 'Y Wesle olaf', sy'n awgrymu tynged yr enwad parchus yn y Bala. Yma mae'r Bedyddwyr yn addoli heddiw a hwy a'i galwodd yn Salim.

Yr Hen Wyrcws
Wrth fynd ymlaen ar hyd y Stryd Fawr, deuwn at adeilad hynafol yr olwg ar y dde. Dyma'r Hen Wyrcws.

Festrïoedd y plwyfi oedd yn gofalu am y tlodion gynt ac roedd llawer iawn ohonynt. Yn 1835 er enghraifft, roedd 114 o dlodion yng ngofal plwyf Llanuwchllyn. Yn 1834 pasiwyd deddf a oedd yn trosglwyddo'r cyfrifoldeb am y tlodion i Fwrdd Gwarcheidwaid y Tlodion ac fe ffurfiwyd Undeb Penllyn i'r pwrpas hwn. Cyfarfu'r Bwrdd am y tro cyntaf ym Mhenllyn ym mis Ionawr 1837 a dewiswyd John Davies, Fron Heulog yn gadeirydd. Cyflwynodd Festrïoedd y Pum Plwyf fil a thri deg o dlodion i ofal yr Undeb newydd. Ym mis Mehefin 1837 penderfynwyd adeiladu wyrcws. Wedi archwilio dau safle arall penderfynwyd adeiladu ar dir oedd yn eiddo i Gabriel Davies, tad John Davies. Cafwyd trafferth mawr i gael rhywun a oedd yn fodlon cario cerrig a choed ar gyfer y gwaith gan fod pawb bron yn gwrthwynebu'r syniad, ond wedi cryn drafferth, llwyddwyd i'w adeiladu. Nid oedd y tlodion yn barod iawn i fynd iddo ar y cychwyn ychwaith. Mae'n ddiddorol sylwi ar y bwyd a gâi'r tlodion yno – bara haidd, pennau lloi, penwaig cochion a maip!

Daeth oes yr Hen Wyrcws i ben yn 1869. Codwyd un newydd yng Nghae'r Domen yn y *Green* ble mae'r feddygfa heddiw. Pan beidiodd yr Hen Wyrcws â bod yn dloty, bu'n fan cyfarfod i'r Milisia Sirol. Mae gan Ap Vychan hanes helynt mawr a grëwyd gan y dull o ddewis gwŷr ieuanc i'r Milisia, neu'r 'Meiwyr' fel y geilw ef hwy. Yr oedd rhestr o wŷr ieuanc yr ardal yn cael ei pharatoi, a'r Milisia yn cael eu dewis o'r rhestr honno trwy dugel. Dechreuodd gwŷr ieuanc Llanuwchllyn amau a oedd enwau meibion y boneddigion ar y rhestr. Cynyddodd yr amheuaeth i'r fath raddau nes i dyrfa fawr o bobl Llanuwchllyn ymgasglu o flaen swyddfa'r Milisia a gofyn am gael gweld y rhestr. Gwrthodwyd y cais a chaewyd y drws yn eu hwynebau. Aeth dau ŵr ifanc ymlaen a gwthio eu hysgwyddau yn erbyn y drws i'w falurio. Bu gwŷr ar gefn meirch yn carlamu i fyny ac i lawr y ddau Bennantlliw am ddyddiau yn ceisio dal y ddau ŵr ifanc, eithr yn ofer! Cafodd y werin well chwarae teg wedi'r digwyddiad uchod.

Yn ddiweddarach bu'r Hen Wyrcws yn ffatri gwneud lemonêd a diod sinsir ac fe'i potelwyd mewn poteli â marblau yn eu gwddf yn lle corcyn. Bu ffatri cynhyrchu bara ceirch a theisennau yma hefyd a bu'n stordy i'r 'Wâr Ag' yn ystod y rhyfel ac yn stordy i gadw peiriannau i fodurdy lleol. Ers 1962, ffatri gwneud dillad i'r Brodyr Aykroyd

sydd yma a hwy yw cyflogwyr mwyaf y Bala yn awr. Beth fydd ei hanes yn y dyfodol tybed?

Yr Hen Ben Tarw

Ychydig lathenni draw ar y dde mae gwesty'r Hen Ben Tarw. Codwyd ef oddeutu 1692. Er gwaetha'r hen ddywediad: 'Y Bala am Sasiwn a Chorwen am Steddfod' fe gynhaliwyd amryw o eisteddfodau yn y Bala hefyd, a rhai ohonynt yn yr hen westy hwn. Efallai mai yma y cynhaliwyd eisteddfod 1738 ond gwyddwn yn sicr mai yma y bu eisteddfod 1760. Eisteddfodau i feirdd a'u noddwyr yn unig oedd eisteddfodau'r ddeunawfed ganrif. Canent englynion i'w gilydd ac i'w noddwyr gan yfed yn helaeth o'r gasgen! Cyfeiriais at englyn Edward Samuel i Lyn Tegid gynnau; wele bennill arall ganddo i'r llyn:

Pe buasai'r Llyn golewyn gynt
Yn gwrw bir uwch gwar y Bont;
Y beirdd heirdd dibrudd eu hynt
Hyfoesol a'i hyfasent.

Does ryfedd i John Wynne ei alw'n *bookish sott*!

Yn eisteddfod 1738 canodd Ellis Cadwaladr yr englyn hwn i Syr Watkin Williams-Wynn:

At Watcin brigyn ein bro – glau
                wyneb
  A'r glana o Gymro;
  Ceidwad gwych gwlad a'i chlo,
  Deg hyder, Duw a'i cadwo.

Roedd Sian Evans yn englyna hefyd ac fe ganodd Ellis Cadwaladr englyn iddi:

Sian ach Ifan

Canmoliaeth i'r eneth a ro –
beunydd,
Ble bynnag yr elo;
A llwyddiant i'w holl eiddo,
Dedwydd fyd yn y byd tra bo.

Canodd yr enwog Dafydd Jones o Drefriw gyfres o englynion i ardaloedd Penllyn hefyd, ond gadawn y beirdd a'u rhialtwch am y tro. Awn heibio i'r hen *King's Head* a deuwn at un o'r mannau pwysicaf yn y Bala – siop Sally Jones. Ar y dde, gwelir Banc y Barclays ac yma, fel y dengys y garreg ar y mur, yr oedd y siop. Yma y daeth Thomas Charles i fyw wedi iddo briodi Sally a digon gwir yw is-deitl llyfr diddorol Gwen Emyr: 'Sally Jones, rhodd Duw i Charles'. Roedd Sally yn Fethodist cyn cyfarfod Charles a bu hi'n un o'r dylanwadau mwyaf i'w arwain i Seiat y Methodistiaid. Fel y dywedais eisoes, heb Sally efallai na fyddai yna Charles o'r Bala nac Ysgolion Sul na hyd yn oed enwad y Methodistiaid! Yn ôl carreg arall ar y mur, yma y daeth Mari Jones i chwilio am Feibl, gan symbylu Charles i sefydlu Cymdeithas y Beibl efallai. Yng nghefn y banc mae hen adeilad Athrofa'r Methodistiaid sydd yn union fel ag yr oedd yn nyddiau Thomas Charles. Gellir mynd ato o'r Plase neu ei weld o ffenestr gefn swyddfa'r cyfreithwyr sydd yn y stryd.

Athrofa'r Methodistiaid

Cyn symud o'r fan enwog hon rhaid cyfeirio'n gryno at Lewis Edwards. Yn 1836 priododd Lewis Edwards â Jane Charles, wyres Thomas Charles, ac fel Sally ei nain o'i blaen, llwyddodd Jane i gadw Lewis Edwards yn y Bala weddill ei oes. Yn 1837, argyhoeddodd John Elias Lewis Edwards a'i frawd yng nghyfraith David Charles i agor ysgol yn y Bala. Cynhaliwyd yr ysgol yn yr hen adeilad yng nghefn tŷ Thomas Charles y cyfeiriwyd ato eisoes. Dyma'r ysgol a dyfodd i fod yn Goleg y Bala maes o law. Yn ddiweddarach, symudodd David Charles i Drefeca. Symudodd yr ysgol gryn dipyn hyd nes y cafodd noddfa yn yr hen adeiladau oedd ynghlwm wrth yr hen gapel ger Capel Tegid. Mae'n werth darllen (yn Saesneg wrth gwrs) hysbyseb cyntaf yr ysgol yn 1837:

'Instruction . . . in the classics, Mathematics, and other branches of a liberal education . . . '

Roedd yr athrawon yn barod i roi llety i rai disgyblion yn eu cartrefi, a'r tâl:

'Instruction, Eight guineas per annum, Board (washing excluded) Twenty guineas ditto. No charge for entrance . . . '

Yn nechrau'r ganrif nid oedd y Methodistiaid o blaid rhoi addysg i'w pregethwyr. Credent fod gwybodaeth o'r Beibl a Geiriadur Beiblaidd Charles yn ddigon. Canlyniad hyn oedd i do o bregethwyr brwdfrydig ond di-ddawn a di-ddysg gael eu magu, a'r rhain fu Brutus yn eu gwawdio a'u galw'n 'Jacks'.

Cafodd Lewis Edwards drafferth a gwrthwynebiad pan oedd yn ceisio cael addysg. Yn 1830 ysgrifennodd at ei gyfaill:

Yes, my friend, learning I will obtain, and that soon. Adieu, my present comforts, adieu my cash, trash, and everything. I am determined to sacrifice you all at the shrine of learning, and to sacrifice learning again to the cause of my Redeemer.

Yn 1867 symudodd yr athrofa i'r Coleg ar y bryn uwchlaw'r Bala. Erbyn 1879 roedd yr holl gostau adeiladu wedi eu talu! Bu Lewis Edwards yn brifathro yno hyd ei farw yn 1887.

Y Golofn Goffa
Yma mae'r Golofn Goffa i hanner cant o wŷr ieuanc a gollodd eu bywydau yn ystod y Rhyfel Byd Cyntaf, ac i'r deunaw gŵr a'r wraig a gollwyd yn yr Ail Ryfel Byd. Tybed beth fuasai cyfraniad y rhain i Benllyn pe byddent wedi cael byw?

Yr Eglwys Gatholig
Yr ochr arall i'r ffordd mae'r fynedfa i'r eglwys Gatholig a gysegrwyd i Fair Fatima yn 1948. Ym mis Mai 1950 cynhaliwyd gorymdaith anferth o 8,000 o bobl i goroni delw o Fair Fatima. Mae'r eglwys i lawr yr entri tua chefn y siop. Hon yw un o'r ychydig eglwysi sydd yn agored gydol yr amser. Mae lladron a fandaliaid wedi gorfodi pobl i gloi pob capel ac eglwys ac eithrio ar y Suliau bellach. Ar y ffordd ger talcen Neuadd y Dref y byddai Howel Harris yn pregethu. Cafodd lonydd y tro cyntaf ond cofnododd fod pregethu yn y Bala fel . . .

pregethu uwchben ceiliogod yn ymladd – tra oeddwn yn siarad yr oedd llawer yn chwerthin ar ei gilydd, a gollyngwyd ergyd o wn yn fy ymyl, ond gwrandawodd llawer a wylodd eraill.

Cafodd lonydd, er y teimlai,

Y mae arnaf ofn na wnaed llawer o ddaioni yma, ond cefais nerth i fod yn ffyddlon.

Roedd yn sicr eisiau nerth a gras y trydydd tro, ym mis Ionawr 1741. Bu ef a'i gydymaith Jenkyn Morgan mewn perygl am eu bywyd. Cafodd 'yr amarch mwyaf a ddigwyddodd iddo yn ei holl fywyd'. Y tro nesaf y daeth i'r Bala yn 1747, gwnaeth ei ewyllys yn Llanbryn-mair, rhag ofn!

Neuadd y Dref
Rydym yn awr ger y groes fawr ble'r oedd canolbwynt yr hen fwrdeistref. Soniais eisoes fod Howel Harris wedi pregethu wrth dalcen y Neuadd. Gynt, roedd y ffenestri sy'n wynebu'r stryd yn agored i'r llawr er mwyn cynnal marchnad dan do. Ar ben yr adeilad mae cloc y dref. Yma y cynhelid Llysoedd yr Ynadon gynt. Bu un achos enwog iawn yma, neu mewn adeilad blaenorol, pan wysiwyd naw o Grynwyr o flaen y Barnwr Walcott. Gan eu bod yn gwrthod tyngu llw, taflodd hwy i'r carchar gan fygwth crogi'r saith gŵr a llosgi'r ddwy wraig. Dim ond ymateb cyflym Crynwyr Maldwyn a argyhoeddodd y Senedd i ddileu'r hen gyfraith o gyfnod Mari Waedlyd a achubodd y naw.

Y Llew Gwyn
Gyferbyn â'r Neuadd mae gwesty'r Llew Gwyn neu *The White Lion Royal Hotel.* Cafodd yr enw *Royal* oherwydd rhyw gysylltiad â Victoria pan oedd honno yn y Bala yn 1889. Yng nghefn y *Lion,* potelid y chwisgi a gynhyrchid yn y Fron-goch. Deuai yno mewn

casgenni a'r nod gwneuthurwr arnynt oedd darlun o Evelyn Price y Rhiwlas mewn gwisg Gymreig. Rhoddwyd un o'r casgenni i Victoria yn 1891 ac i'w mab Edward, Tywysog Cymru, yn 1894. Mae ambell botel ar dir y byw o hyd! Ceir traddodiad fod capel anwes bychan yma gynt ym mlynyddoedd cynnar y fwrdeistref.

Ysgol Beuno Sant a'r Caeau Chwarae

Wrth ddilyn Stryd y Castell heibio i'r Llew Gwyn a dal ymlaen gan groesi Heol Arennig, deuwn at adeilad Ysgol Beuno Sant ar y dde. Gyferbyn mae caeau chwarae'r Bala.

Dychwelwn i'r Stryd Fawr. Ar y dde wedi mynd heibio i'r Neuadd deuwn at Blas Coch. Credir mai ar y ffordd o flaen yr adeilad hwn y cynhaliwyd y Sasiynau cynharaf.

Cofgolofn Thomas Edward Ellis

Ganed Tom Ellis, fel y galwai ei gydnabod ef, yn y Cynlas, Cefnddwysarn yn 1859. Mynychodd hen Ysgol Tŷ Tan Domen ar yr un pryd â D.R. Daniel ac O.M. Edwards ac yr oedd y tri yn gyfeillion mawr. Bu yng ngholegau Aberystwyth a Rhydychen hefyd. Fe'i ganed i'r deffroad mawr Radical ym Mhenllyn; deffroad a gychwynnwyd ar ddechrau'r ganrif gan y Parch Hugh Pugh a oedd yn trwytho dosbarthiadau o wŷr ieuainc Penllyn ac Edeirnion yn 'Egwyddorion Ymneilltuaeth a Rhyddfrydiaeth' – deffroad a hybwyd yn ddiweddarach gan y Parch Michael D. Jones. Pan gynhaliwyd eisteddiad gan Gomisiwn y Tir yn y Bala yn 1892, yr roedd atgof o'r 'troi allan' a fu ar stadau'r cylch

wedi etholiad 1859 yn parhau'n fyw iawn. Rhoddodd Tom Ellis dystiolaeth am sut y bu i'w dad bron â chael ei droi o'i fferm am fod ei gi wedi rhedeg ar ôl ysgyfarnog!

Yn 1886 dewiswyd Tom Ellis yn Aelod Seneddol dros Feirionnydd. Daeth yn flaenllaw iawn yng ngwleidyddiaeth Cymru. Bu'n ymgyrchu dros ddatgysylltiad yr Eglwys Wladol, gwell addysg, dros lyfrgell genedlaethol, llywodraeth leol, oriel ac amgueddfa i Gymru. Roedd 'Pwnc y Tir' yn agos iawn at ei galon. Ymdrechai mor galed dros lywodraeth leol am ei fod yn credu y buasai'n gam pwysig ymlaen tuag at Senedd gyflawn i Gymru.

Yn anffodus, bu farw yn ŵr ifanc deugain oed yn 1899 ac fe'i claddwyd yng Nghefnddwysarn. Roedd wedi ennyn edmygedd cenedl gyfan ac yn 1903 codwyd y gofgolofn hon er cof amdano. Arni mae llinell o waith ei hoff lenor, Morgan Llwyd o Wynedd – 'Amser dyn yw ei gynhysgaeth'. Casglodd waith Morgan Llwyd a chyhoeddwyd un gyfrol ganddo. Gorffennwyd y gwaith mewn ail gyfrol gan ei frawd-yng-nghyfraith, J.H. Davies. Mab iddo oedd y diweddar T.I. Ellis ac fe wnaeth yntau ddiwrnod da o waith. Cyfeiriodd y bardd R. Williams Parry at y gofgolofn gan awgrymu na fu Cymru yn driw i'w freuddwyd:

Tithau yr hwn ddyrchefi fythol fraich
A llygaid cyson i fynyddau'th fro,
Bwriasom lethrau'th dangnef hir
           dros go;
Gorweddodd heddwch arnom megis
           braich.

Yr Hen Dyrpeg a Gefail Pendref

Plas yn Dre

Y Parch Ddr J. Puleston Jones (1862-1925)

Ar y dde ar gongl Heol y Berwyn, mae tŷ arall ble bu'r Parch Ddr J. Puleston Jones yn byw. Mae carreg ar y mur yn dynodi hynny. Er ei fod yn ddall ers pan oedd yn blentyn bach, goresgynnodd pob anfantais gan fynychu Ysgol Tŷ Tan Domen, Prifysgol Glasgow (gydag O.M. Edwards) a Choleg Baliol, Rhydychen ble graddiodd gyda gradd dosbarth cyntaf yn Ysgol Anrhydedd Hanes Diweddar. Bu'n weinidog mewn amryw o eglwysi. Roedd yn Gymro twymgalon ac yn heddychwr o argyhoeddiad Cristnogol. Bu farw yn 1925 ac mae ei fedd ym mynwent Eglwys Crist y Bala.

Wrth edrych i lawr Heol y Berwyn ceir golygfa werth chweil o gapel hardd yr Annibynwyr.

Plas yn Dre

Plas yn Dre yw'r tŷ mawr sydd y tu ôl i gofgolofn Tom Ellis. Bwyty yw yn awr ond yma y trigai y Parch Seimon Llwyd, cyfaill Thomas Charles a'r gŵr a ddaeth â Thomas Charles i'r Bala am y tro cyntaf. Tŷ trefol teulu bonheddig Llwydiaid Rhiwedog oedd Plas yn Dre. Metron gyntaf teulu Howel Harris yn Nhrefeca oedd Sarah Bowen, mam Seimon Llwyd. Syrthiodd Seimon Llwyd y tad mewn cariad â hi pan ymwelodd â Threfeca. Cafwyd cryn drafferth i gael eiddo Sarah Bowen allan o drysorfa Trefeca!

Roedd y tad a'r mab dan ddylanwad Methodistiaeth. Bu'r Parch Seimon Llwyd yn ffrind ac yn gefn mawr i Thomas Charles. Cyn dyddiau'r *Green* byddai Sasiynau'r Methodistiaid yn cael eu cynnal ym muarth Plas yn Dre. Cafodd yr Annibynwyr cynnar loches mewn ystordy yng nghefn y tŷ nes iddynt godi capel. Bu rhan o Athrofa'r Annibynwyr yma hefyd yn ystod y rhwyg mawr. Roedd cysylltiad rhwng Llwydiaid Rhiwedog a Phreisiaid y Rhiwlas, disgynyddion Rhirid Flaidd, Arglwydd Penllyn (c.1160).

Awen Meirion

Yn y gongl ger y gofgolofn ac yn taro ar Plas yn Dre mae siop lyfrau Cymraeg Awen Meirion. Agorwyd hi gan nifer o bobl Penllyn yn 1972 am eu bod yn teimlo bod angen siop o'r fath yn y Bala. Un o'i rheolwyr cyntaf oedd y Prifardd Alan Llwyd. Yma roedd yn byw pan enillodd y Gadair a'r Goron yn Eisteddfod Genedlaethol Rhuthun, 1973. Bu Prifardd arall, Elwyn Edwards, yn rheolwr arni hefyd.

Yr Ysgol Frytanaidd

Wedi mynd heibio gwesty'r *Ship*, deuwn at ddau hen adeilad carreg ochr yn ochr. Y cyntaf yw'r Ysgol Frytanaidd a godwyd yn 1855 gan y *British & Foreign School Society.* Y prifathro cyntaf oedd John Price. Gofynnodd Syr Hugh Owen iddo fynd i Fangor i weithio yn y coleg hyfforddi athrawon newydd. Yn ddiweddarach, fe'i penodwyd yn brifathro'r Coleg Normal. Mae yno neuadd wedi ei henwi er cof amdano, sef Neuadd J.P.

Bu Llew Tegid (1851-1928), mab Ffridd Gymen, Llangywer, yn athro ifanc yma o 1862 hyd 1871. Yn ei hunangofiant mae'n adrodd fel y bu tua chant o blant yr ysgol farw o'r clefyd coch, 'dau a thri a phedwar o'r un teulu'. Roedd Llew Tegid yn enwog fel arweinydd eisteddfodau gan gynnwys y Genedlaethol, a bu am flynyddoedd yn brifathro Ysgol y Garth ym Mangor. Roedd yn fardd hefyd. Wele englyn a gyfansoddodd wrth adael bedd ei fab, Gwilym, a laddwyd yn y Rhyfel Byd Cyntaf:

> O! Gwilym, wyt ti'n gweled – ein galar?
> Neu'n gwylio ein colled?
> A oedd cri holl wledydd cred
> Yn werth dy aberth tybed?

Ysgrifennodd eiriau i lawer o alawon gwerin a bu'n casglu arian ar gyfer adeilad newydd Prifysgol Gogledd Cymru Bangor. Bu farw yn 1928 ac fe'i claddwyd ym mynwent Glan Adda, Bangor. Adeiladwyd ysgol newydd yn lle'r Ysgol Frytanaidd yn 1904, sef Ysgol Bro Tegid. Bu'n weithdy gwaith coed i Ysgol Tŷ Tan Domen am gyfnod hefyd. Canolfan gweithgareddau ieuenctid yw yn awr.

Y Capel Saesneg

Y drws nesaf i'r hen ysgol gwelir hen adeilad hynafol arall, hen eglwys gyda thŵr uchel o gerrig. Cafodd y tŵr gloc yn ddiweddar. Codwyd yr adeilad yn gapel anwes i eglwys Llanycil a'i drwyddedu yn 1813. Peidiodd â bod yn gapel anwes pan adeiladwyd Eglwys Crist yn 1855. Bu'n ysgoldy i'r *National School* am gyfnod, hyd nes yr adeiladwyd ysgol eglwys newydd yn Heol y Castell yn 1873. Yna bu'n gartref i ddosbarth babanod yr Ysgol British drws nesaf.

Yn 1906 cyflwynodd Dr Roger Hughes yr adeilad i Gapel Tegid i'w ddefnyddio fel capel Saesneg y Bala, gyda'r gynulleidfa'n rhan o gynulleidfa Capel Tegid. Dyna ydyw hyd heddiw.

Yr Henblas

Ger y pympiau petrol ar y dde mae hen adeilad yr Henblas. Tŷ trefol oedd hwn hefyd ac ar y mur mae arfbais sy'n dangos gafr yn cynnal polyn, ynghyd â thri phen blaidd – arfbais Rhirid Flaidd. Ceir y llythrennau E a V o boptu'r afr a'r dyddiad 1658. Hefyd ar y mur mae carreg sy'n coffáu'r Americanwyr a laddwyd yn ystod y rhyfel pan wrthdrawodd eu hawyren â chopa'r Arennig.

Awn ymlaen a deuwn at *Bradford Square* drachefn.

Eglwys Crist

Wrth droi i'r chwith yn *Bradford Square* awn i fyny Heol Ffrydan a chyrraedd yr eglwys hardd hon a gysegrwyd yn 1858. Bu'n hwylus iawn i drigolion y Bala gan nad oedd angen iddynt bellach gerdded i Lanycil i bob gwasanaeth. Mae gwaith y pensaer B. Ferry yn adlewyrchu pensaernïaeth hanner cyntaf y drydedd ganrif ar ddeg ac mae'n werth ei weld.

Ysgol Uwchradd y Berwyn

Codwyd yr adeilad brics cochion yn 1900 fel ysgol eilradd i ferched. Cyn hynny, bu'r merched yn derbyn addysg eilradd yn Neuadd Buddug. Yn 1964 unwyd ysgol y merched ag ysgol y bechgyn, Ysgol Tŷ Tan Domen, a galwyd yr uniad yn Ysgol y Berwyn. Collodd yr ysgol ei chweched dosbarth pan agorwyd Coleg Meirion-Dwyfor yn Nolgellau ond wedi dyfal ymgyrchu, cafwyd y dosbarth pwysig hwn yn ei ôl. Mae dalgylch Ysgol y Berwyn yn helaeth iawn ac yn cynnwys Penllyn i gyd yn ogystal â rhannau o Edeirnion ac Uwchaled.

Coleg y Bala

O'n blaenau ar y bryn gwelir adeilad hardd y coleg a adeiladwyd yn 1867 yn gartref i'r Athrofa oedd yn y gorffennol wedi crwydro o adeilad i adeilad. Casglwyd £26,000 at y fenter, diolch i ymdrech Edward Morgan Dyffryn. Yn 1891 ailagorwyd y coleg yn goleg diwinyddol gan fod colegau eraill bellach yn cyflwyno addysg academaidd gyffredinol. Bu rhestr anrhydeddus iawn o athrawon yno, megis Lewis Edwards a'i *Draethodydd* a John Parry, golygydd deuddeg cyfrol drwchus *Y Gwyddoniadur Cymraeg*. Prifathro cyntaf y coleg diwinyddol oedd mab Lewis Edwards – Dr Thomas Charles Edwards, eithr ni chafodd iechyd i weld ei freuddwyd yn cael ei chwblhau. Yn 1922 daeth newid arall pan wnaed y coleg yn goleg blwyddyn olaf i ddarpar weinidogion. Yn y cyfnod roedd athrawon medrus yn gweithio yno, megis David Phillips, David Williams, Gwilym Arthur Edwards, Griffith Rees a Rheinallt Nantlais Williams.

Yn 1953 daeth newid eto pan sefydlwyd cwrs ar gyfer ymgeiswyr am y Weinidogaeth dan athrawiaeth y Parch R.H. Evans a'r Parch T. Hefin Williams. Daeth y cwrs hwn hefyd i ben yn 1963.

Ers 1967, canolfan gweithgareddau ieuenctid sydd yn y coleg ac o ddyfynnu'r Parch R. Meirion Roberts:

Mae'r hen athrofa hardd
A'i thegwch fyth ar daen,
Gerllaw y mur fe dardd
Y blodau fel o'r blaen;
Y muriau llwyd – o'u mysg
Daw eto drydar dysg.

Dyma eiriau R. Williams Parry pan fu sôn am symud y coleg i Aberystwyth. (Cyfeiria at gerflun Lewis Edwards):

Arglwydd y neuadd angof a'i phen
saer,
Nac edrych ar ei gwrthodedig dŵr;
Ond uwch anghyfanedd-dra'r ardd
ddi-stŵr
Eistedd fel duw myfyrdod rhag dy
gaer.

Bod Iwan

Dros y ffordd mae Bod Iwan, y tŷ a gododd y Parch Michael D. Jones. Bu rhai aelodau o Athrofa'r Annibynwyr a sefydlwyd gan ei dad yn defnyddio Bod Iwan.

Teithiau eraill

Cychwyn o'r Bala a thrwy bentref Llanuwchllyn. I fyny Cwm Cynllwyd i ben Bwlch y Groes. Troi i'r chwith am Lanwddyn (Llyn Efyrnwy). Mynd oddi amgylch y llyn ac yn ôl i'r Bala drwy Rosygwaliau.

Cychwyn o'r Bala a thros Bont Mwnwgl-y-llyn. Dilyn y B4403, yna'r B4391 dros y Berwyn i Langynog. I Ben-y-bont Fawr a dilyn y B4396 drwy'r Hirnant i Lanwddyn ac yna'n ôl i'r Bala dros Fwlch y Groes neu Rosygwaliau. Yn Llangynog gellir ymweld â hen eglwys ddiddorol Pennant Melangell sydd i fyny'r cwm ar y dde.

Cychwyn o'r Bala ar hyd yr A4212 drwy Gwm Celyn ac i lawr Cwm Prysor i Drawsfynydd. Troi i'r chwith hyd yr A470 a'i dilyn nes cyrraedd pentref bychan Bronaber. Yna dilyn arwydd Llanuwchllyn ac i lawr drwy Pennantlliw i'r A494 ac yn ôl i'r Bala. Gellir amrywio'r daith wrth ddal i'r dde ger Penstryd a dilyn y ffordd drwy Abergeirw a Llanfachreth (ble cynhelir un o Eisteddfodau'r Llannau) ac yna i'r A494 ac yn ôl i'r Bala drwy Lanuwchllyn.

Cychwyn eto o'r Bala ar hyd yr A4212 drwy Gwm Celyn a heibio Llyn Celyn. Yna dilyn y B4391 nes cyrraedd y B4407 ger Pont yr Afon Gam. Dilyn y B4407 i'r dde drwy Ysbyty Ifan i Bentrefoelas. Yna i'r dde ar hyd yr A5 drwy Gerrigydrudion. Yna troi i'r dde ar hyd y B4501 drwy Gwm Tirmynach i'r Bala.

Atyniadau Hamdden

Mynydda:
Yr Aran, Arennig, Moel Emoel a'r Berwyn. Gellir holi Clwb Mynydda Cymru pa bryd y bydd teithiau ym Mhenllyn neu'r cyffiniau. (Ysgrifennydd – Dafydd Rhys Jones 01970 832401).

Canolfan Hamdden y Bala:
Pob math o chwaraeon. Mae pwll nofio yma hefyd.

Chwaraeon:
I lawr Heol yr Eglwys gwelir maes chwarae y Bala gyda'i gyfleusterau bowlio, tennis, criced a phêl-droed.

Clybiau Golff:
Clwb Golff y Bala ac fe geir clwb yn Fachddeiliog hefyd.

Bowlio Deg:
Gwersyll yr Urdd, Glan-llyn.

Hwylio:
I aelodau yn unig ar Lyn Tegid.

Canŵio:
Yng Nghanolfan Tryweryn ger argae Llyn Celyn gellir canŵio dŵr gwyn. Gellir canŵio ar Lyn Tegid hefyd.

Merlota:
Llanfor, Penisa'r Llan.

Trên Bach:
Rheilffordd Llyn Tegid o'r Bala i Lanuwchllyn 01678 540666, a rheilffordd Llangollen i Garrog 01978 860979.

Pysgota:
Llyn Tegid; afonydd Dyfrdwy, Lliw, Twrch, Llafar, Alwen; Llyn Tryweryn a Llyn Celyn.

Carafanio:
Glan-llyn;   Fron-goch,   Llanycil; Penbont a Phen y Garth.

Tai Hanesyddol:
Gellir ymweld â Rhiwedog, Fron-goch, Ciltalgarth, Neuadd Wen, Coed-y-pry, Caer-gai a Bodwenni.

Ffeiriau:
Ffair Gorwen Fawrth; Ffair Glamai y Bala, Mai 14eg; Ffair Ganol y Bala, Hydref 25ain ac fe gynhelir ffair ar *Green* y Bala bob dydd Llun.

Eisteddfodau:
Eisteddfod Gadeiriol Llandderfel, Dydd Gwener y Groglith; Eisteddfod Gadeiriol Llanuwchllyn, Dydd Sadwrn y Sulgwyn; Eisteddfod Gadeiriol Llangwm, Dydd Sadwrn olaf mis Mehefin.

Gŵyl y Gwyniad:
Rhaglen o weithgareddau amrywiol sy'n ymestyn dros rai dyddiau yn ystod ail wythnos mis Medi.

Mae'r Bala yn ganolfan hwylus i ymweld â mannau diddorol eraill o fewn cyrraedd:

Tŷ Meirion, Dolgellau:
Canolfan y Parc Cenedlaethol gydag arddangosfa o hanes y Crynwyr.

Aur Cymru, Dolgellau:
Arddangosfa o dlysau aur. Gellir mynd ar daith i weld gwaith aur Gwynfynydd hefyd.

Abermo:
28 milltir o'r Bala. Gellir ymweld ag Abaty Cymer yn Llanelltud a mynd ar daith ramantus i lawr dyffryn Mawddach ac Wnion.

Chwareli Blaenau Ffestiniog:
Chwarel y Llechwedd 01766 830306 a'r Gloddfa Ganol 01766 830664.

Castell Harlech:
Castell Edwardaidd a fu ym meddiant Owain Glyndŵr am gyfnod.

Abaty *Valle Crucis* (Glyn-y-groes, Llanegwest):
Wrth droed Bwlch yr Oernant, heibio piler enwog Eliseg a godwyd ar ddechrau'r nawfed ganrif.

Castell y Waun:
Nid nepell o Gorwen. Rhaid dilyn yr A5 i'r Waun cyn cyrraedd y gatiau haearn ardderchog o waith y Brodyr Davies a'r gerddi prydferth.

Llyfryddiaeth

Adroddiad Comisiwn Tir y Bala, (1894)

Awen Meirion, (1961)

Bowen, E.G. – *Settlements of the Celtic Saints in Wales,* (1954)

Bowen, Geraint (Gol.) – *Atlas Meirionnydd,* (1973)

Cylchgrawn Cymdeithas Hanes a Chofnodion Sir Feirionnydd, cyf.1, rhan 3, (1951)

Cylchgrawn Hanes a Chofnodion Meirionnydd – D.R. Daniel, Mrs Jones-Roberts.

Davies, Glenys – *Noddwyr y Beirdd ym Meirion,* (1974)

Davies, Hazel Watford – *Bro a Bywyd O.M. Edwards,* (1988)

Davies, John – *Hanes Cymru,* (1990)

Dodd, A.H. – *Studies in Student Wales,* (1952)

Edwards, Elwyn (Gol.) – *Beirdd Penllyn,* (1983)

Edwards, O.M. – *Cofiant Ap Vychan,* (1903)

Edwards, O.M. – *Beirdd y Bala,* (1911)

Edwards, O.M. – *Beirdd y Berwyn,* (1902)

Edwards, O.M. (Gol.) – *Robert William y Wern Ddu,* (1889)

Edwards, O.M. (Gol.) – *Cymru,* (1891-1927)

Ellis, T.I. a Davies, J.H. – *Morgan Llwyd,* (1928)

Emyr, Gwen – *Sally Jones,* (1996)

Glenn, Thomas – *Welsh Founders of Pennsylvania,* (1911-1913 ac 1970)

Glenn, Thomas – *Meirion in the Welsh Tract,* (1896 ac 1970)

Gresham, Colin – *History of Merioneth, Vol I,* (1967)

Harris, Leslie – *Gwaith Huw Cae Llwyd,* (1953)

Havhesp, Dewi – *Oriau'r Awen*

Ifans, Dafydd a Rhiannon – *Y Mabinogion,* (1980)

Inventory of Ancient Monuments in Wales (Merionethshire), (1921)

Jenkins, D.E. – *The Rev. Thomas Charles of Bala,* (1910)

Jenkins, R.T. – *Hanes Cynulleidfa a Hen Gapel Llanuwchllyn,* (1937)

Jenkins, R.T. (Gol.) – *Y Bywgraffiadur Cymreig hyd 1940,* (1953)

Jones, Francis – *The Holy Wells of Wales,* (1954)

Jones, Francis Wyn – *Godre'r Berwyn,* (1950)

Jones, Richard – *Crynwyr Bore Cymru,* (1931)

Jones, T.O. – *O Ferwyn i Fynyllod,* (1975)

Jones, W.E. Penllyn – *Bywgraffiad Llew Tegid.*

Lewis, E.A. – *The Medieval Boroughs of Snowdonia,* (1912)

Llawlyfr y Bala a'r Cylch, Undeb yr Annibynwyr Cymraeg, (1951)

Llên y Llannau

Lloyd, J.E. – *History of Wales,* (1912)

Lloyd-Price, R.J. – *Rulacc and Rueclok,* (1899)

Llwyd o'r Bryn – *Y Pethe,* (1955)

Myfyr, Owain (Gol.) – *The Myvyrian Archaiology of Wales,* (1801 ac 1807)

Owen, Ifor – *Coleg y Bala, Ddoe a Heddiw,* (1988)

Parry, R. Williams – Yr Haf a Cherddi Eraill, (1924)

Rails to Bala, amryw o awduron, (1987)

Rees, William – *Calendar of Ancient Petitions Relating to Wales*

Roberts, G. (Gwrtheyrn) – *Pum Plwy Penllyn,* (1987)

Roberts, Thomas – *Gwaith Tudur Penllyn,* (1958)

Rowlands, Dwysan (Gol.) – *Ardal y Pethe,* (1994)

Sampson, Anthony – *The Scholar Gypsy,* (1997)

Sgorpion – *Cofiant y Parch Hugh Pugh, Mostyn*

Siartr y Bala 1325, cyfieithiad Cymraeg Peris Jones-Evans

Southern, D.W. – *Bala Junction to Blaenau Ffestiniog,* (1995)

Tudur, Rhys – *Ddoi di am dro i'r Bala?* (1993)

Watson, Katherine – *North Wales,* (1965)

Williams, David – *Cofiant J.R. Jones, Ramoth,* (1913)

Williams, Ifor – *Canu Llywarch Hen,* (1935)

Williams, Ifor a J. Llywelyn Williams – *Gwaith Guto'r Glyn,* (1939)

Williams, William – *Methodistiaid Dwyrain Meirionnydd,* (1902)

Williams-Jones, Keith – *Merioneth Lay Subsidy Roll 1292-3,* (1997)

Mynegai